長野県立歴史館
平成28年度秋季企画展図録

文化の十字路

木曽の宝

Treasures of Kiso

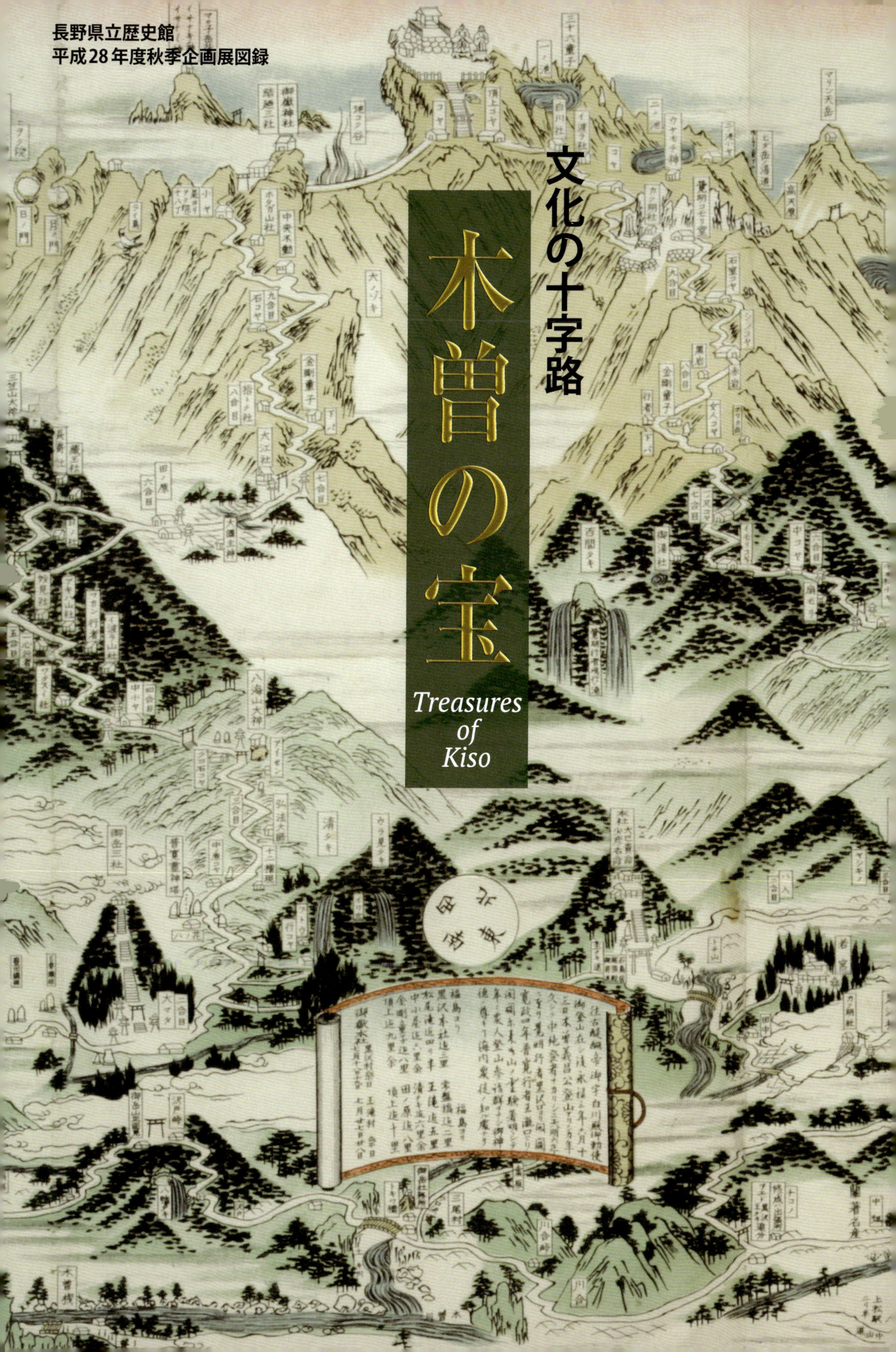

謝辞

本展覧会のために貴重な資料を貸与されました所蔵家の方々、調査等にご協力をいただき、また、原稿を執筆くださいました関係各位、そしてこちらにはお名前を記すことを控えさせていただきました個人の方々に対し、深く感謝の意を表します。

上沢　修
上松町教育委員会
出雲神社
板野俊美
五宮神社
伊藤幸穂
今井紳太郎
岩部定男
王滝村
王滝村教育委員会
大桑小学校
大桑村教育委員会
太田洋志
小垣外崇
奥原由孝
織田顕行
御嶽神社（王滝村）
御嶽神社（木曽町）
開田高原麻織物研究会
開田高原民謡保存会（ゆるり会）
開田考古博物館
開田小学校
鎌田好範
神村　透

加村金正
川口　勝
川向区
木曽馬の里・乗馬センター
木曽馬保存会
木曽教育会
木曽漆器館
木曽漆器工業協同組合
木曽路美術館
木曽青峰高校同窓会
木曽町教育委員会
木祖村お六櫛組合
木祖村教育委員会
木祖村15区
北川　聰
北川直緒
興禅寺
極楽寺
小島宗徳
小林克彦
齋藤　稔
佐久市川村吾蔵記念館
佐久市教育委員会
澤頭修自
澤田義幸
一般財団法人 塩尻・木曽地域地場産業
　振興センター
塩尻市教育委員会
清水祐三
定勝寺
定勝寺花園会
白川区

水無神社
鈴木義幸
巣山榮三
大泉寺
台東区立書道博物館
滝　和人
武居哲也
竹内慶子
田立歌舞伎保存会
栖　誠治
栖　勇志
栖守神社
田中昭三
池口寺
千村　稔
寺嶋匡彦
藤村記念館
一般財団法人　藤村記念郷
遠山高志
中川　剛
中島　誠
中谷和博
中村　肇
中津川市教育委員会
長野県木曽地方事務所
長野県保健福祉事務所
中村信宏
南木曽町博物館
南木曽町教育委員会
鍋島稲子
奈良文化財研究所
西澤正樹

白山神社
畑中広治
日向区
日向　浩
日義公民館
深澤文夫
福井惠子
古井元明
古谷泰久
細野耕司
松葉文昭
松葉文弘
松山芳久
丸山時恵
宮田利彦
宮田正士
百瀬忠幸
柳川浩司
山口　登
山下家住宅
山下泰男

（敬称略、五十音順）

ごあいさつ

豊かな森林に囲まれた木曽地域は、長野県の西端に位置します。その森林資源を良質な建築材として活かし、あるいは優れた工芸品を生み出すことで、人びとの暮らしを豊かに潤してきました。

木曽地域は、歴史の上でも、たびたび脚光を浴びてきました。人や物、情報が山を越え、川や谷に沿って活発に往来し、それにより新しい文化が花開き、発展してきたのです。

本展では、木曽地域に伝わる、旧石器時代から現代に至る文化財や美術工芸品１００件余りを一堂に展示します。美しい自然のもとに現在も引き継がれる第一級の資料をご覧いただき、木曽の文化に触れてください。

最後に、本展を開催するにあたっては、貴重な資料を快く出品いただいた所蔵者各位をはじめ、多くの皆様から多大なご協力・ご指導を賜りました。皆様のご高配に厚く御礼申し上げます。

平成28年（２０１６）９月

長野県立歴史館

「木曽の宝」目　次

凡　例

・本書は、平成28年度長野県立歴史館秋季企画展「木曽の宝」の図録兼書籍として刊行した。
・本企画は長野県立歴史館総合情報課の市川厚が担当し、林誠と山田直志が補佐した。また、主管課長は原明芳である。
・館長・笹本正治が監修し、編集は原、林、市川が担当した。解説・コラム等は、特に筆者名を記さない限り、以下の当館職員が担当した。
原明芳（第Ⅱ章25、34、40～47、50～51頁、第Ⅲ章70頁、第Ⅵ章116～117頁）
大竹憲昭（第Ⅰ章12～13頁）
寺内隆夫（第Ⅰ章14～19頁）
林誠（第Ⅱ章35～37、48～49、58～59頁、第Ⅲ章66～69、72～76頁、第Ⅳ章82～85頁、第Ⅴ章90～93頁、第Ⅵ章103頁）
村石正行（第Ⅱ章28～29、54～55頁、第Ⅳ章80～81頁）
市川厚（第Ⅱ章52、60頁、第Ⅲ章65頁、第Ⅳ章78頁、第Ⅴ章94～98頁、第Ⅵ章101～102、104～111頁）
福島正樹（第Ⅱ章38～39、53頁、第Ⅲ章71頁、第Ⅳ章79頁）
・図版頁には、出品番号、作者・資料（作品）名、員数、制作年、所蔵者の順に記載し、適宜解説を附した。なお、解説等の執筆にあたっては、以下の各氏より特段のご協力をいただいた。
上沢修（長野県信濃美術館／刀剣）、伊藤幸穂（木曽町教育委員会／石井鶴三・千村士乃武）、織田顕行（飯田市美術博物館／仏像）、千村稔（木曽町教育委員会／木曽町教育委員会所蔵資料）、鍋島稲子・中村信宏（台東区立書道博物館／写経）＊敬称略
・本書の資料番号は企画展の出品番号と一致するが、展示構成とは必ずしも一致しない。
・掲載した資料・作品写真の提供者・所蔵者は以下の通りである。それ以外はすべて、林誠が新規に撮影した。
奈良文化財研究所（№35）、興禅寺（№74～77）、佐久市川村吾蔵記念館（№82）、王滝村（№83～101）
・写真の縮尺は不同である。資料・作品の法量は、巻末120～125「展示品目録」に明記した。
・寺社の外観、宿場の現在の様子等、提供元を明記していないスナップ写真は、すべて当館職員が撮影した。
・「木曾」という表記は現在でも多く見られるが、本書ではすべて「木曽」で統一した。他の地名も、原則として新漢字を用いたが、「御嶽」「馬籠」など、慣例に従い適宜旧漢字を使用した。

コラム

木曽谷のトチの巨木たち

―残された木と文化―

贄川のトチノキ

木曽には様々な文化財があります。今回の企画展で示されているのはその一端にすぎません。博物館の悲しさは、巨大なもの、動かせないものなどを展示できないことです。そのような代表として巨木があります。木曽と言えば木曽ヒノキで知られますが、皆様もお気づきのように、木曽は巨木の宝庫です。しかし、これを展示することは不可能ですので、ここで少し触れさせていただきたいと思います。

平成28年（２０１６）４月26日、「木曽路はすべて山の中〜山を守り山に生きる〜」が日本遺産に認定されました。この表題のように、木曽の人びとは山の恵みに生きてきました。王滝村ではコナラやミズナラなどの果実であるドングリ（ひだみ）による村おこしが行われています。これに目を向けるとはさすがです。多くの人にとってドングリよりなじみ深い木の実はトチでしょう。トチはドングリよりも高度なアク抜き技術が必要で手間もかかりますが、独特の風味があって、なかなかおいしいものです。木曽や飛騨などにおいて、トチの実はヒエやドングリと共に、重要な食料の一つをなしていました。木曽の味としてトチの実を餅米と共に搗いたトチ餅、トチの実せんべいは忘れられません。

木曽では南木曽町の蘭が木地師の里として知られていますが、木地師たちの用いる木としてトチがあります。皆様もリップルマーク（波状紋）で知られる独特の木目を持つ、トチのお椀やトチのお盆を見たことがあると思います。木地師がいたにもかかわらず、木曽にトチの巨木が残っているのは、食文化によるものではないでしょうか。

その最たるものは、北からの木曽の入り口にあたる塩尻市贄川のトチノキです。この木は昭和44年（１９６９）７月３日に長野県天然記念物に指定されました。国道19号線沿いで、駐車場も用意されていますので、立ち寄ったことのある人も多いと思います。樹齢１０００年以上とも言われ、樹高３２・９メートル、胸高周囲９・８メートル、根本周囲１７・６メートルもあります。枝下高さは８・５メートル、枝張りは東21メートル、西15メートル、北19メートル、南15メートルです。県内最大のトチとされています。多くのコブがこの木の命の長さと、自然の中での苦闘を語っています。下には祠があり、まさに神の宿る木です。

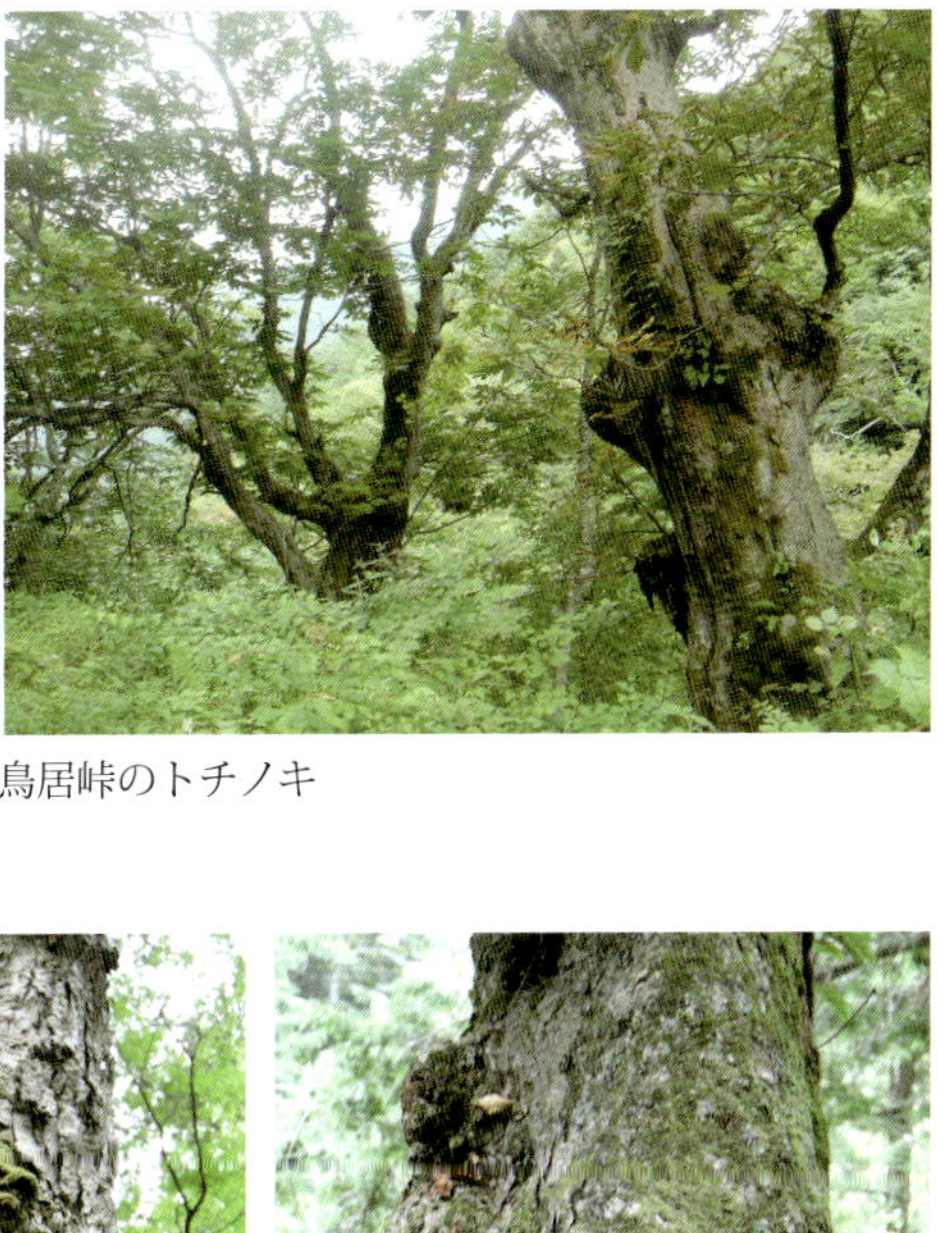

鳥居峠のトチノキ

塩尻市と木祖村の境にあたる鳥居峠にはトチの大木が多数あります。木祖村では里山で他に例がない大木があり、村内唯一の群生地だとして、「鳥居峠トチノキ群」の名前で平成４年（１９９２）12月17日、天然記念物に指定しました。とりわけ「子産のトチ」と呼ばれる木には、木の穴に捨てられた子を村人が育てて幸福になったので、この木の皮を煎じて飲むと子宝に恵まれるとの伝説が伝わっています。トチにはしばしば洞が見られますが、その洞が女性器に見立てられて子供が出てきたとか、大量になる実によって子宝がイメージされたのでしょうが、木に対する信仰がここにも見られます。

木曽川の源流にあたる木祖村の水木沢天然林は有名です。水木沢でとりわけ知られるのは樹齢５５０年とも言われる天然サワラですが、多くのトチノキもあります。

水木沢のトチノキ

鳥居峠にある子産みのトチノキ

木曽町に入ると国道19号に架かる出尻歩道橋の東脇に出尻のトチノキが立っています。歩道橋が小さく感じられるほどの大きさです。樹高が10メートル、目通り幹囲が８・７メートル、推定樹齢は３００年以上といわれます。山側の木の脇にはトタン屋根の覆い屋があって、その中に木製の小さな祠が二つ鎮座しています。

木曽町三岳の御嶽神社里宮本社は、遠くからもうっそうとした社叢が目につきます。社殿の前に立ち、県道との間を眺めると、巨大なトチノキが見えます。また、社殿の左奥の山の中にもトチノキがあります。県道に張り出すように幹囲６メートル、樹高３８・２メートルの木があります。また、幹囲４メートル、樹高34メートルの木もあります。これらの木は平成６年（１９９４）３月27日、三岳村指定天然記念物に指定されました。ちなみにここの地名は「栩山《とちやま》」ですから、この辺には地名になるほど多くのトチが生えていたものでしょう。

上松町小川大木にも巨大なトチノキがあります。昭和58年（１９８３）７月１日に町の天然記念物に指定されました。目通り８・７メートル、樹高28メートルもあります。一説には樹齢５００年とも言われます。近寄ってみると、大変な迫

出尻のトチノキ

本社のトチノキ

大木のトチノキ

力です。大木の地名の大木とはこの木のことでしょうか。一方が斜めにになっているのは、二本が合体したのか、枝が分かれたのかわかりませんが、樹勢盛んなすばらしい木です。

今は失われましたが、木曽町開田高原末川藤屋洞のトチノキは樹高16メートル、目通り幹囲8・8メートルという大きさでした。幹の下の方は空洞になっていました。中に入ってみると広いこと、何人もの人が入ることができます。内部はまるで焼かれたかのように真っ黒になっている部分がありました。残念ながら痕跡が残るだけです。

樹木は生命を持ちます。どんな巨大な木もやがては枯れていきます。地域にどのような木が残されているか、どうしてそのような木は残されたのか、人びとはその木にどのような気持ちを抱いていたのか、何も語らない木ですが、人間に対するメッセージがいっぱいあります。私たちも感性を豊かにして、木曽の宝物から学んでいきたいと思います。

（館長　笹本正治）

かつての藤屋洞のトチノキ

鳥居峠

第Ⅰ章 木曽のあけぼの

旧石器時代から縄文時代までの、原始の木曽を取り上げます。開田高原は遺跡の密集地であり、柳又《やなぎまた》遺跡から発掘された特徴的な形態をもつ石器は、旧石器時代と縄文時代をつなぐ時期のものとして注目を浴びました。王滝村・崩越《くずしご》遺跡の住居跡からは、さまざまな周辺地域の特色をもつ土器が見つかっています。

原始時代の出土品からは、当時の木曽地域が複数の地域と交流していたことがわかります。

旧石器時代

木曽地域で最も古い遺跡が、開田高原の柳又《やなぎまた》遺跡である。それは今から2万年をさかのぼる旧石器時代である。最終氷期の最寒冷期は最近のデータによれば2万4000年前となり、以降気候は回復していく。旧石器時代人の活動も活発になり、標高1100メートルの開田高原にも到達したようだ。柳又遺跡の出土遺物で注目されるのが「柳又ポイント」と呼ばれる旧石器時代末〜縄文時代草創期に作られた有舌《ゆうぜつ》尖頭器だ。この石器は、はじめ北海道の立川遺跡で注意され「立川ポイント」と命名されたその直後本州の柳又遺跡でも同様な石器が発見され、遺跡名を付した石器として注目された。旧石器時代から縄文時代へ、大型の石槍から弓矢へと狩猟具は変遷していく。有舌尖頭器はこの過渡期に現れる特徴的な石器である。有舌尖頭器はどのような石器と組み合わさり、どのように変遷するのか「柳又ポイント」がその研究の中心であった。

1　角錐状石器・ナイフ形石器・槍先形尖頭器

柳又遺跡　後期旧石器時代後半期　木曽町教育委員会

木曽地域最古の石器群。石器はほぼ同時期の槍先と考えられる。①・②・④・⑤が角錐状石器、③がナイフ形石器、⑥・⑦が槍先形尖頭器だが、形態や製作技法に違いがみられる。角錐状石器は九州から関東地方にまで見られるが、西日本が分布の中心だ。西方の石材である玻璃質《はりしつ》安山岩（通称下呂石《げろいし》）と東方の石材である黒曜石の２者がある。④のナイフ形石器は瀬戸内技法による国府《こう》型ナイフ形石器で西日本の技術で作られたものだが、黒曜石製である。２点の切出し状の槍先形尖頭器は黒曜石原産地の茅野市渋川《しぶかわ》遺跡に特徴的にみられる型式であるが、在地の石材であるチャートで製作されている。石器のかたちや製作技術は西日本や東日本の特徴をもつ。使用石材も在地のチャート以外に、遠隔地の石材では西から玻璃質安山岩が、東からは、おそらく和田峠周辺から黒曜石が入ってくる。まさに旧石器時代の開田高原は東西文化が交わる場所であった。

2

ナイフ形石器

黒曜石製　柳又遺跡
後期旧石器時代後半期
木曽町教育委員会

茂呂《もろ》型ナイフ形石器といわれ、関東・中部・東海地方に分布する。黒曜石原産地、また東海地方の関わりも考えなければならないようだ。

3
刃器・縦長剥片
珪質頁岩製　柳又遺跡
後期旧石器時代終末期
木曽町教育委員会

　ナイフ形石器や槍先形尖頭器の石器文化の後、開田高原には北方系の技法をもつ細石器文化がみられるが、狩猟具である細石刃は黒曜石や玻璃質安山岩など用い、加工具の掻器・削器などは在地のチャートを用いるようになった。

　細石器文化の上層から加工具である大型の刃器が見られる。細石器文化の加工具は在地のチャートを用いていたが、その後の時期には新潟方面の珪質頁岩がこの開田の地に入ってきたようだ。

4
有舌尖頭器
チャート製ほか　柳又遺跡（左）西又《にしまた》遺跡（右）
後期旧石器時代終末期～縄文時代草創期
木曽町教育委員会

　茎を有することから有茎《ゆうけい》尖頭器とも呼ばれる。柳又ポイントは土器を伴う有舌尖頭器という位置づけになった。

5
槍先形尖頭器
チャート製　西又遺跡
後期旧石器時代終末期～縄文時代草創期
木曽町教育委員会

　両面に加工をして作る槍先形尖頭器は製作途中に折れてしまうことがある。そこで材料の入手が容易な石材原産地で製作されることが多い。西又遺跡もチャートを用いた槍先形尖頭器の製作跡だ。

　下の大型の2点はそれぞれ製作途中で破損してしまったようだ。上の2点は大きさから、有舌尖頭器の完成前の姿、未製品である可能性もある。

上松町お宮の森裏遺跡で住居跡が発見された草創期（1万年以上前）から、木曽地域へは生活や交易の場を求めて繰り返し人がやってきた。早期（約1万年前）には、東と西から顔つき（装飾や粘土）の違う土器が入ってくるようになる。しかし、短期的な居住地や経由地として利用されたに過ぎなかった。

木曽で定住化が広く進むのは前期後葉（約6000年前）で、集落遺跡が増加する。やはり東西両方面から土器や石器が来ているが、岐阜県寄りの王滝村崩越《くずしご》遺跡では、西日本系の土器が大半を占める。

中期初頭（約5500年前）以降は、松本平・伊那地域からの進出が目立ってくる。特に、中期後葉（約4900年前）には遺跡数が急増し、木曽町マツバリ遺跡のように、木曽川本流域で長期的に営まれるムラが現れる。

支流域の崩越遺跡でも、全般的には東の影響が強まり、松本平や伊那と共通した土器が多くなる。その中で、同一住居内で異なる地域の土器が多数出土した特殊な例が見つかっている。あたかも交易関係を結んでいる地域から人々が自慢の土器を持ちより、宴を開いたような様相を示している。この場所を拠点に複数地域と交易をおこなっていたことがうかがえる。

しかし、標高が数百メートルを超える木曽地域は、後期（約4400年前）以降の寒冷化の影響を強く受け、遺跡数は増減を繰り返しながら減少してゆく。

6　崩越遺跡出土土器（西日本系）

前期後葉（約6,000年前）　王滝村教育委員会

遺跡全体では西日本系土器が多数を占める。本例は東日本に多い特殊な浅鉢形を模したものの、間延びし、口縁部に本来あるべき孔列もない。このような模倣品の存在が東西文化の接点であることを示している。

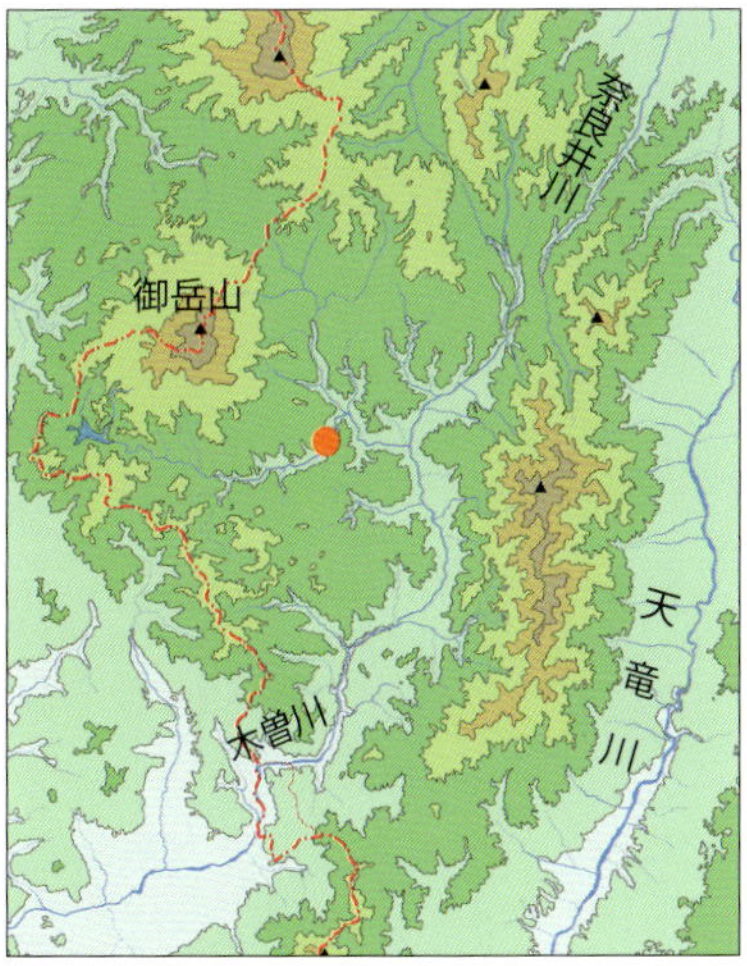

王滝村崩越遺跡（●）の位置

崩越遺跡の現況写真（矢印は調査地）

急峻な峡谷が連続する王滝川。その谷に向かい半島状にせり出した平場を、縄文時代早期・前期・中期・晩期の縄文人が断続的に利用した。現在は、牧尾ダム（御岳湖）により大部分が水没している。

7　崩越遺跡出土土器（諏訪系）

中期中葉（約5,350年前）
王滝村教育委員会

諏訪から関東西部に分布の中心を持つ勝坂《かつさか》式土器。持ち運びやすい小形筒形で、顔面装飾がつく。

8　大岩橋遺跡出土土器（伊那～中信系）

中期中葉（約 5,350 年前）　王滝村教育委員会

やや灰色がかり、大粒の岩片を含む。半截竹管状工具を使った平行線が特徴の平出第 3 類 A 土器。

9　崩越遺跡出土土器（東信系）

中期中葉（約 5,350 年前）　王滝村教育委員会

赤褐色。粘土紐による曲線や突起と、それに沿う線・刻みが特徴の焼町《やけまち》式土器古段階。

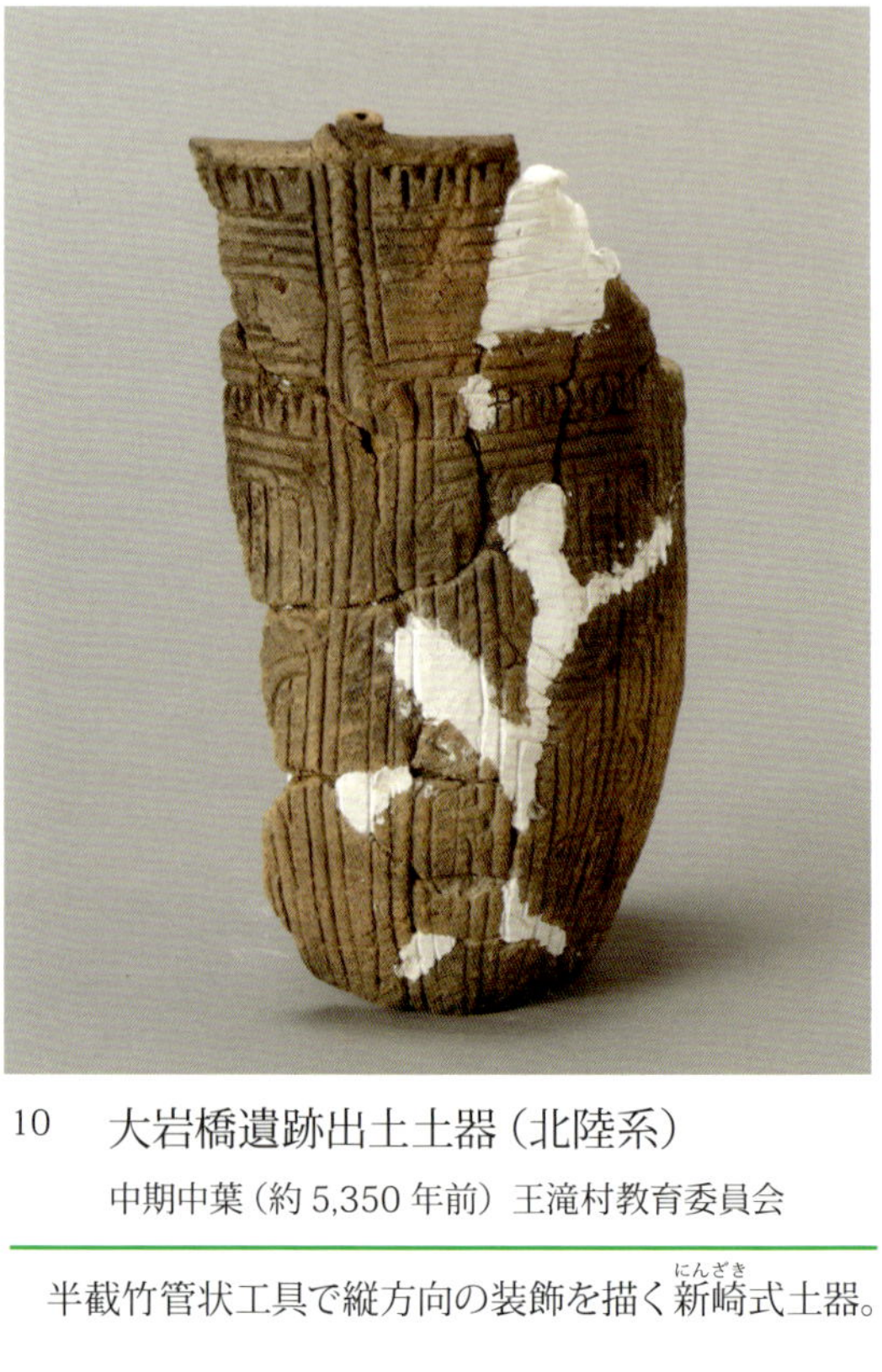

10　大岩橋遺跡出土土器（北陸系）

中期中葉（約 5,350 年前）王滝村教育委員会

半截竹管状工具で縦方向の装飾を描く新崎《にんざき》式土器。

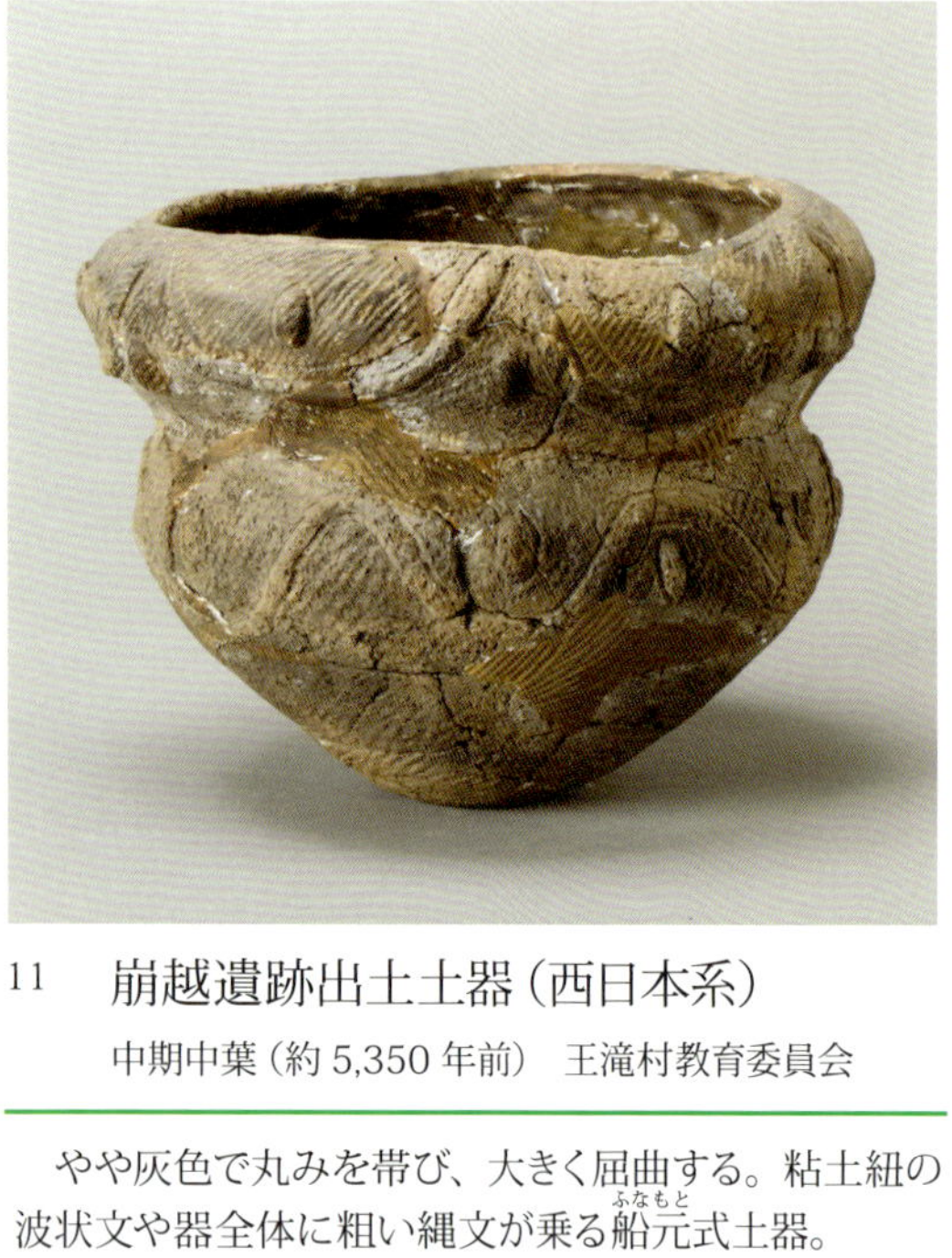

11　崩越遺跡出土土器（西日本系）

中期中葉（約 5,350 年前）　王滝村教育委員会

やや灰色で丸みを帯び、大きく屈曲する。粘土紐の波状文や器全体に粗い縄文が乗る船元《ふなもと》式土器。

12　崩越遺跡第1号住居跡出土土器（①～⑧）

中期後葉I期（約4,900年前）
王滝村教育委員会

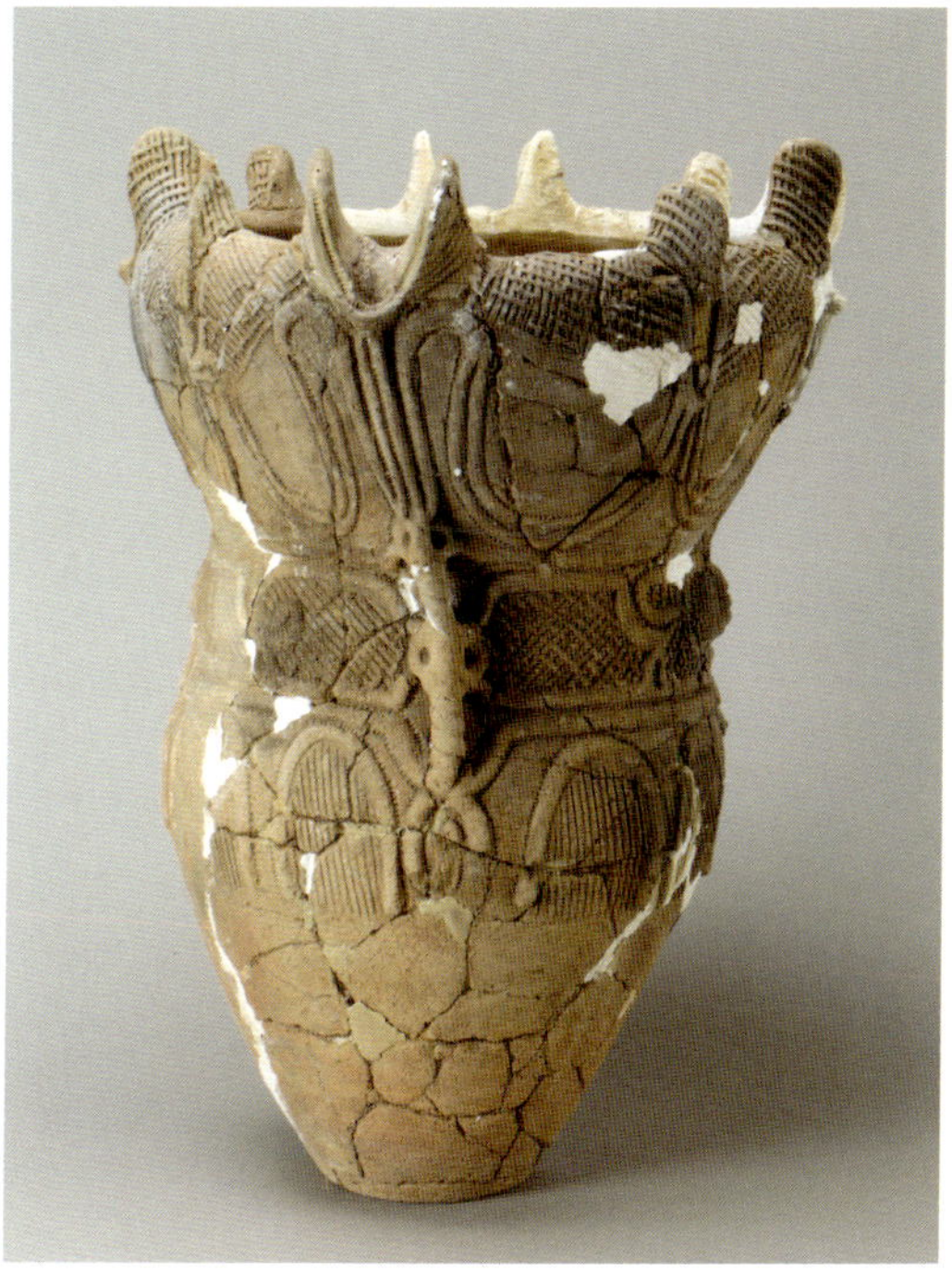

② （伊那系）

本住居中で最大容量を誇る。口縁部のV字状突起、体部下半の櫛形文などが特徴。

①（中信系）

住居の炉に埋められていた。装飾が粗雑で粘土も諏訪とは異なる。製作地は松本平南部周辺か。

（※松本平・上伊那・諏訪・木曽にひろがる土器を便宜的に中信系とした）

④ （中信系）

内湾する口縁部と下膨れの体部器形、多量の粘土紐の貼付を特徴とする。

③ （伊那系）

下伊那系唐草文土器に類似する装飾構成を持つが、粘土は下伊那と異なる。

⑥ **（東海系）**

灰色、薄手で、特徴的な波状口縁を持つ北屋敷《きたやしき》式土器。

⑤ **（中信系）**

厚手の櫛形文土器。①に類似した粘土・焼色を示す。

⑧ **（北陸系）**

半截竹管状の工具を使い、丸みのある平行線で、幅の狭い区画文などを重ねる上山田《かみやまだ》・天神山《てんじんやま》式土器。

⑦ **（東海西部系）**

やや薄手、全面に撚糸文を施し、平行線で簡単な波状文などを描く中富《なかとみ》式土器。

13　若宮遺跡出土釣手土器

中期後葉Ⅱ～Ⅲ期（約 4,800 年前）　木曽町教育委員会

釣手土器は長野・山梨を中心に木曽・飛騨へも点在する。本例は、容器の機能を止め仮器とするためか、底部に孔が空けられている。

コラム

縄文時代から弥生時代へ

縄文時代中期後葉から後期にかけて、気候の寒冷化の影響を受けて、遺跡数が大きく減少する。それまでは、松本平と共通した唐草文系土器がほとんどであったが、後期は関東地方の影響の強い土器に変わってしまう。

晩期（今から２５００年前）になると、長野県は亀ヶ岡式土器の影響を受けた地域的な土器、氷式をつくるようになる。同じ頃の東海地方では、西日本から伝わってきた遠賀川式土器を使った人びとが尾張地方で稲作をはじめた。さらに、その影響を受けて周辺の三河地方や美濃地方でも稲作を始めるが、かれらは貝殻の背で文様を付ける条痕文土器を使用するのが特徴であった。木曽地域では、遠賀川土器がわずかに出土するが、条痕文土器がほとんどである。稲作文化は適地を求めて美濃地方の人びとが長野県へ入る際に、木曽地域で適地を求めながら通過していったと考えられる。逆に長野県の氷式土器は、条痕文土器や遠賀川土器を使う東海地方からもわずかであるが出土する。互いの地域の人びとが交流する中で入手し、使用したのであろう。木曽町マツバリ遺跡から出土した渦巻き文が付けられた小型壺は、松本平方面からもたらされたものである。

弥生時代中期後半（２０００年前）になると、マツバリ遺跡に小規模な集落ができる。善光寺平を中心に長野県全体に分布する栗林式土器が出土しており、北から鳥居峠を越えて開発に入ってきた人びとである。弥生時代後期（１８００年前）になると、発見される遺跡数も多くなり、上松町吉野遺跡群では８軒の竪穴住居が発見されている。隣接する湿地帯を利用した稲作を行っていたようだ。やはり、松本平や諏訪地方に多い土器の文様に櫛描文を多用しており、鳥居峠を越えて北から入ってきたと思われる。北から入る傾向は大桑村までは見られる。それより南は下伊那地方に見られる中島式土器が北上して入る。

ところが古墳時代になると、遺跡は発見されない。弥生時代に松本平や美濃国から入ってきた開発が、成功しなかったことを物語っている。その背景には、稲作適地が少ないことや、気候が冷涼だったことが影響しているかもしれない。この後、古墳時代後期までの４００年間、人びとが活発に活動しない時代が続く。

（総合情報課長　原　明芳）

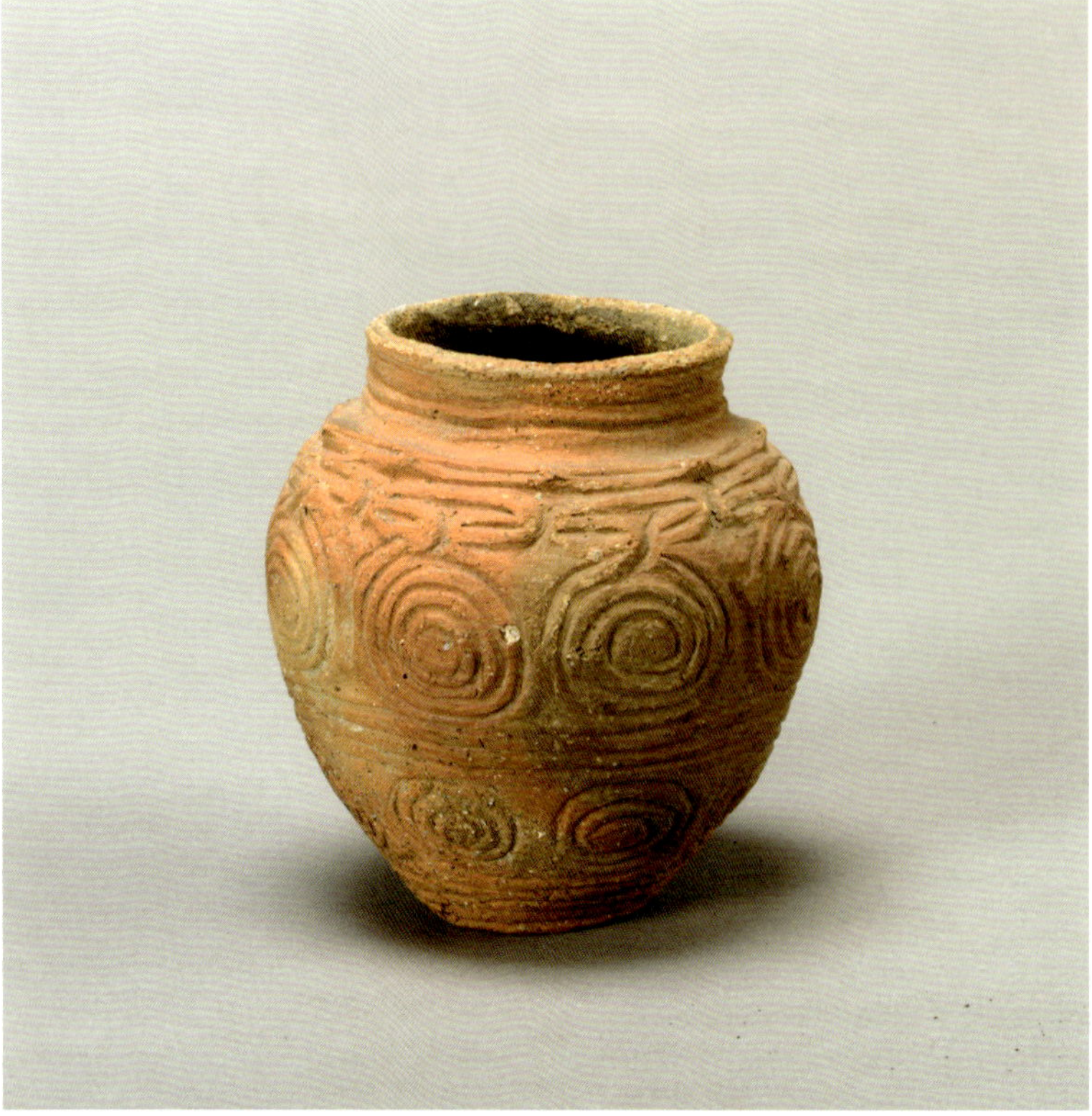

小型壺（木曽町マツバリ遺跡出土　縄文時代晩期）

第Ⅱ章

古代・中世の木曽文化

木曽路が交通の要衝《ようしょう》となって、人びとが活発に活動を始めるのは平安時代です。この頃、行政機関が機能していたことを示唆する陶器が発見されています。

中世の木曽地域には、高度で豊潤な文化が入ってきます。中央の影響を大きく受けていることがわかります。その痕跡は現在でも認めることができ、仏像、古写経、鰐口《わにぐち》、密教法具、絵画など貴重な資料が多数残っています。

コラム

平安時代の木曽地域

文字に残された記録は中世の章でふれるとして、木曽地域を遺跡の発掘調査の成果を中心に見てみる。

❖続かない開発

古墳は旧山口村で見つかっているが、葬られた有力者はそれより南部の東濃地域にいたと考えられている。上流部分で古墳は見つかっていない。ただ、小規模な古墳時代後期の集落が、上松町の2遺跡で見つかっている。吉野遺跡群は2軒の竪穴住居が発見されているが、いずれも7世紀前半の短期間に営まれた集落で、開発に入って小さな集落をつくったが、長続きしなかった可能性がある。同時期の信濃国の食器の多くが土師器である。発見された食器は須恵器しかない。美濃国から開発に入ったと考えられる。

100年ほど経った奈良時代初頭に、上松町と大桑村の3遺跡で集落が発見されている。少なくとも5軒以上の竪穴住居で構成されている。出土した遺物が少ないことから、人々の暮らした時間は短いと考えられる。

この時期に、2つの道路造りの記録が『続日本紀』にある。大寶2年（702）に「十二月壬寅、始開美濃國岐蘇山道」、和銅6年（713）に「秋七月戊辰、美濃・信濃二國之堺、徑道險隘、往還艱難、仍通吉蘇路」である。

「岐蘇山道」と「吉蘇路」が同じ道と考えて、702年に工事を始め713年に完成したと理解する説と、もう一つは両者は別の道で、「岐蘇山道」は東山道の神坂峠の新道で、「吉蘇路」は木曽地域を通す新たな道とする説である。どちらが正しいかは別として、この時期に木曽地域に道を通そうとしたことはまちがいない。また、和銅6年（713）に美濃守笠朝臣麻呂をはじめとした美濃國の役人や工事関係者が、吉蘇路を通した功績によって、表彰された記事がある。ここに信濃国の関係者が登場しないことは、木曽谷ルートが美濃国の責任で行われたこと、さらにいえば美濃国内の出来事であった、あるいは中央政府はそう認識していたことを示している。

発見された集落の時期と、木曽地域を通す新たな道造りと時期は一致するので、何らかの関係を考える必要があるかもしれない。

しかし、奈良時代初頭の集落は、そのまま続くことなく消えてしまう。その後の100年間は遺跡が発見されないので、人々が活発に活動しなかった時代が続いたと考えられる。せっかく造った道も、往来が少なく管理が行き届かなくなり廃道になったかもしれない。

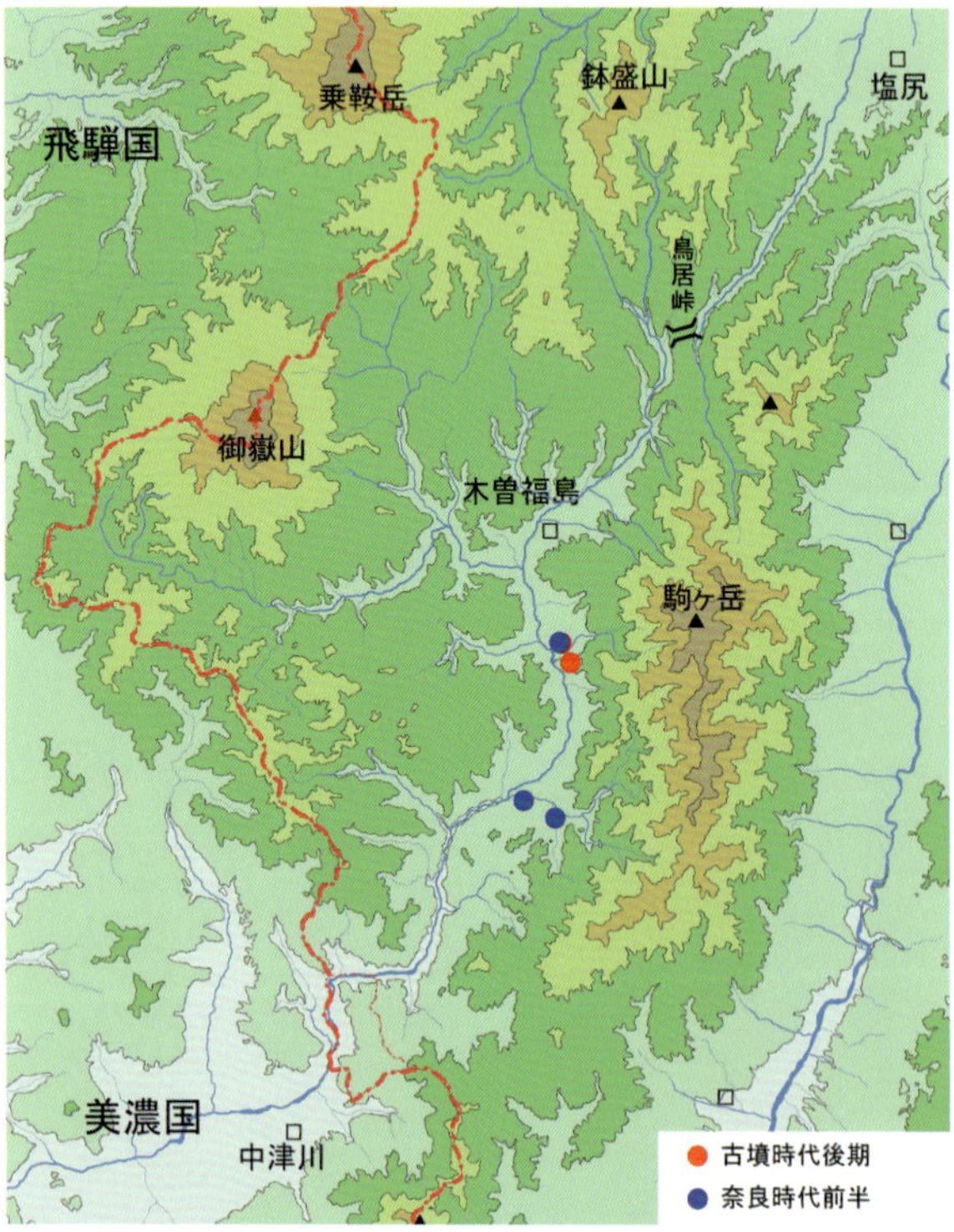

木曽地域の古墳時代後期・奈良時代の遺跡

❖中世に続く集落の登場

平安時代前半、9世紀後半に木曽川に沿った狭い平地に、一斉に集落ができあがる。10世紀にはいると、遺跡の数は急増し、木曽川沿いばかりでなく、木曽町開田、王滝村などの、木曽川支流のかなり上流部分の川に沿った平地まで集落が展開するようになる。

集落は、大きく二つに分けられそうである。一つは、広範囲に多数の竪穴住居が建てられ、多くの人々が暮らし、長く住み続ける集落で、木曽町お玉の森、上の原遺跡、大桑村振田、大野遺跡、木曽町日向遺跡（三岳）、薬師遺跡（三岳）などがあげられる。出土した遺物も豊富で、地域の開発の拠点となった集落といえそうだ。もう一つは対照的に、崩越遺跡や下条遺跡、マツバリ遺跡のように、竪穴住居が多くても5軒までいかないほど小規模で、遺物の出土量も少ない、継続期間が短い集落である。短期間、開発に携わった人々の生活の跡かもしれない。

開発の拠点であった上の原遺跡の集落からは、10世紀後半の墓が1基発見されている。長楕円形の穴を掘り、中央に木棺を置き、両側に多数の灰釉陶器の食膳具、土師器の小型甕、多数の鉄鏃などが埋納されている（№14・15）。副葬品の埋納方法、特に土師器の小型甕が入る点は、松本平をはじめとした信濃国全体に分布する木棺墓と共通している。かなりの有力者の墓であったと考えられる。石が組まれ塚のような土盛がされており、集落の人々の視線にいつも入る、例えば開発の中興の祖を祀るようなモニュメントであったかもしれない。

遺跡から出土した食器をみてみよう。集落が形成され始める9世紀後半の焼き物は、松本平と共通した須恵器、黒色土器や土師器のほかに、東濃地方（岐阜県）で生産された灰釉陶器で構成されている。煮炊き具は、松本平と同じ土師器の大小の甕で構成されている。ところが、10世紀になると徐々に黒色土器A・土師器はほとんどみられなくなり、美濃国で生産された灰釉陶器がほとんどになる。煮炊きの道具も9世紀後半は松本平と同様な甕が使われているが、10世紀後半以降

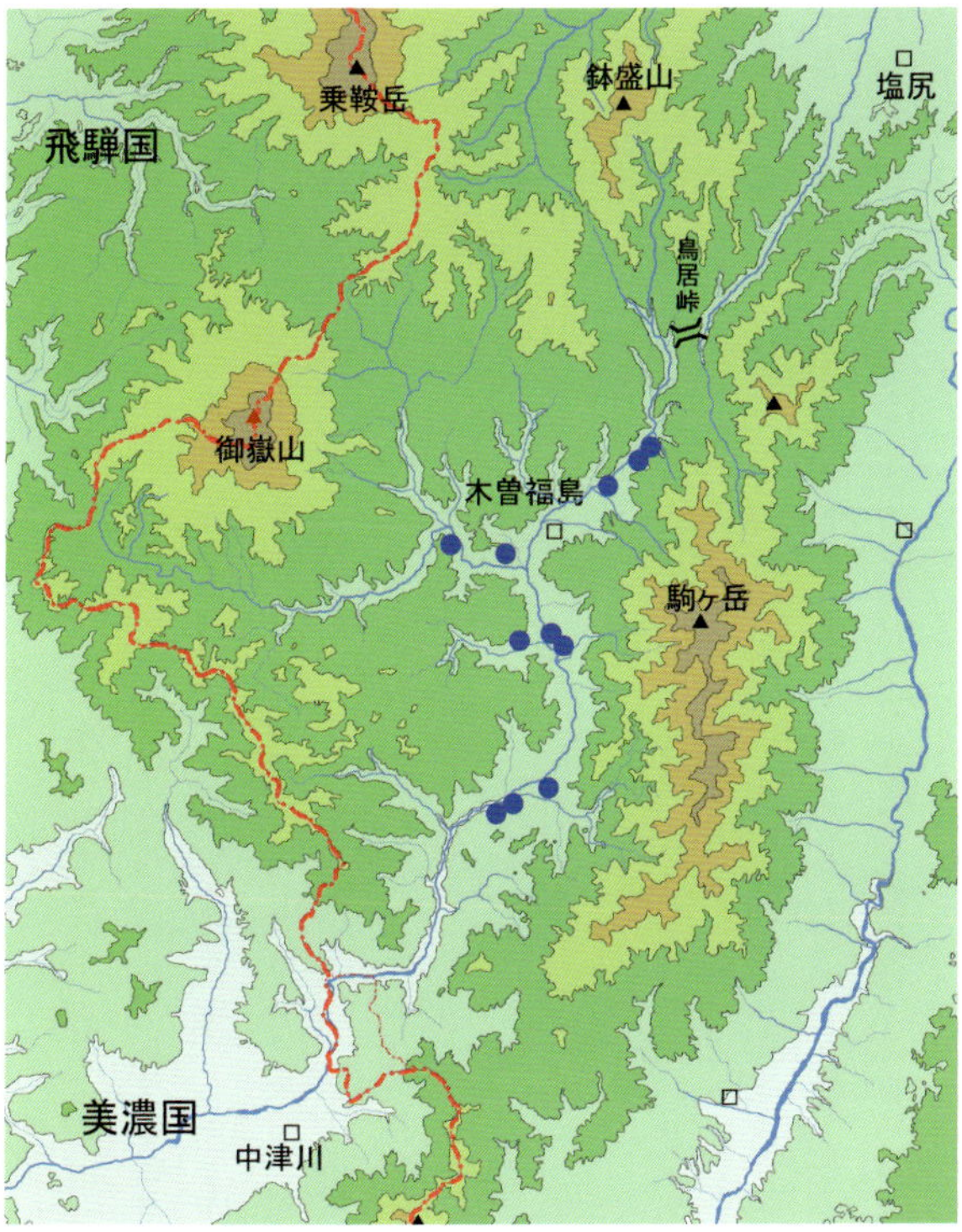

木曽地域の9世紀後期の遺跡

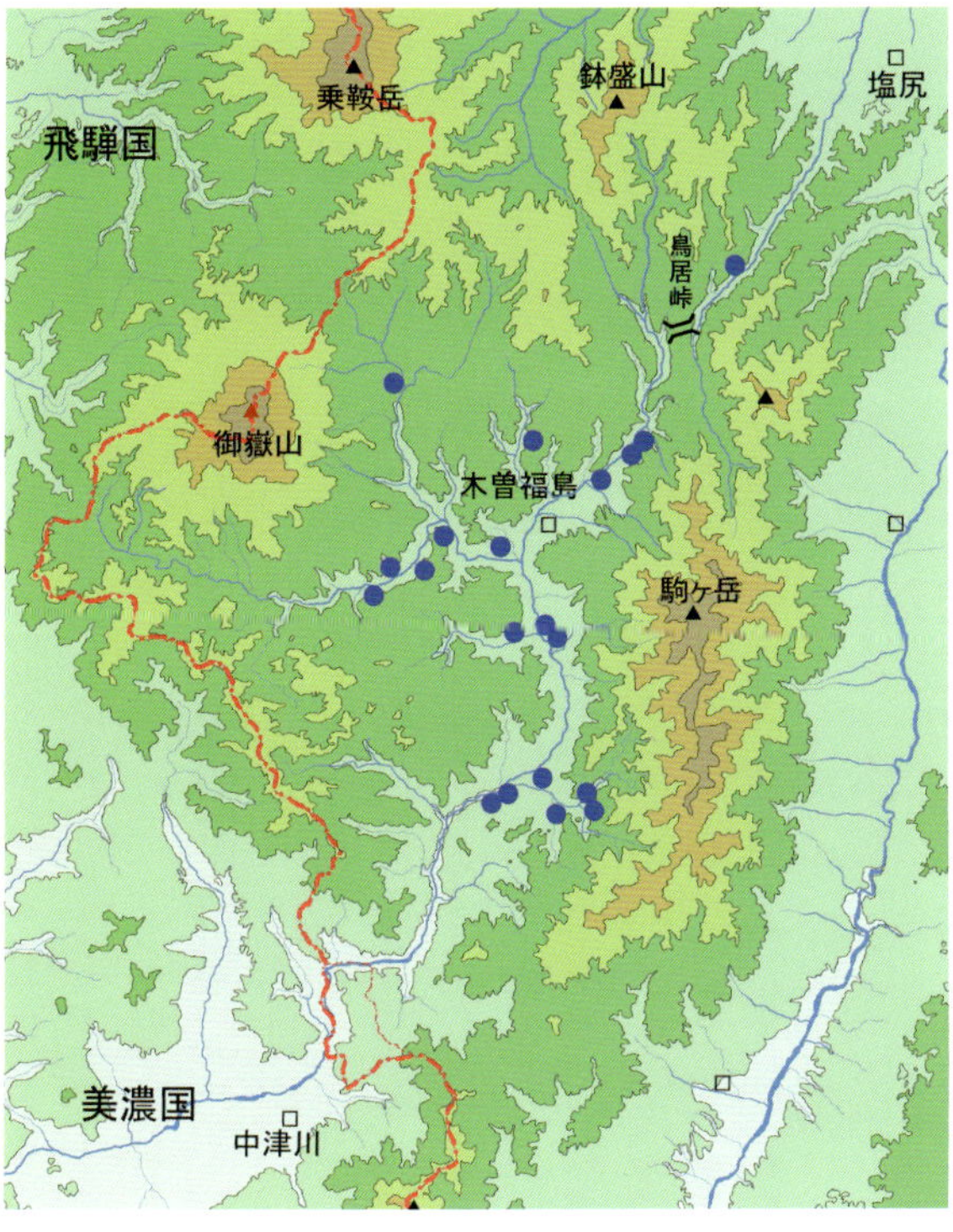

木曽地域の10世紀の遺跡

になると東海地方の製品が入るようになる。

松本平では、食器の外面や底裏に、墨で字を書く習慣があり、10世紀後半まで続く。木曽谷では集落が形成される9世紀後半にはみられ、松本平よりやや遅くまでその習慣が続く。書かれた字を見ると「平」、「出」、「生」、「明」など一字が多くみられる。お玉の森遺跡では、「万」が多く、吉野遺跡では「大十」、上村遺跡では「牧」、日向遺跡では「芳蘭」などまとまって出土し、集落を代表するような字があった可能性がある。「万富」などの富を求める呪術的内容のものも見られるが、書かれた字にどのような意味があるのかわからない。書かれた字の内容は、松本平と共通している。

❖松本平からの進出

ここまでみてきたように、9世紀後半に一斉に展開した木曽の集落の内容は、さまざまな面で松本平と共通していることがわかる。このことは、松本平から進出した人びとが、木曽谷の開発を進めたことを示していると考えられる。

それでは、9世紀後半の松本平の状況を見てみよう。奈良時代から続く竪穴住居が20軒以上展開する規模の大きな集落が、短時間で縮小したり衰退してしまう。また、継続する集落も、内部構造が変化する。反対に、それまで集落が造られなかった場所や、山間地に新たな集落の展開がはじまる。没落と開発という相反する二つの動きが見られる動乱の時期である。その開発の矛先が、木曽谷に向かい、松本平から人びとが入り込んできたと考えられないだろうか。

８７９年に都から藤原正範らの役人が派遣され、美濃国と信濃国の国司の立ち会いのもとに、「県坂山岑」を国境に定めたという記録が残っている。「県坂山岑」は鳥居峠と考えられている。もし、美濃国の人びとが木曽谷に進出した開発ならば、同じ美濃国内なのであえて信濃国との国境を確認する必要はない。信濃国、特に松本平から多くの人々が木曽谷に入り込み、自らの領域を蚕食された美濃国は、その対策をとる必要が生じたのだろう。

お玉の森遺跡から「大野保」「政所」と墨書のある１０００年前後の灰釉陶器段皿（16）が発見されている。「保」は、中央・地方の有力者が国司に申請し、所領内のさまざまな権限を得ることができた、荘・郷・名などと同じような所領単位である。また「政所」はかなりの地位の貴族の所領を管理する機関である。墨書の存在は、遺跡の近くに「政所」があったことを示している。上の原遺跡の木棺墓はその管理に関わった有力者の墓で、モニュメントのように集落の中に存在していた。開発の進展には、地方だけの力だけではなく、中央の有力者の力が必要だったのであろう。

発掘調査で出土した生産具を見る限り、松本平と変わりがない。農業中心の開発ではなかったかと思われる。しかし、開発の進展にあわせるように、長野県へ東濃産の灰釉陶器が9世紀末より多量に搬入されるようになる。それまで、美濃国より西の物資の移動は神坂峠越えの東山道が利用されたと考えられる。多くの人々が活動しはじめた木曽地域は、再び道が整備され、信濃国への距離も短いため、灰釉陶器をはじめとした物資の運搬ルートになった可能性がある。それを生業にしたとも考えられる。９３９年に発生した将門の乱の時に朝廷が「岐曽道使」を置くことも、木曽路ルートが交通の上で大きな役割を果たすまで、整備が進んだことを物語っている。

❖中世の木曽へ

開発は順調に継続した。大桑村振田遺跡からは、平安時代末から鎌倉時代の地域を支配した有力者の堀を巡らした屋敷跡が発見されている。また、平安時代後半の木曽全域の集落の食器は、美濃国産の灰釉陶器がほとんどを占め、煮炊き具が尾張国産という状況になる。さらに、美濃国の陶器生産が灰釉陶器から山茶碗に変わる平安時代の終わりになると、山茶碗は松本平には供給されなくなるが、木曽谷には多量に供給される。焼き物の供給という点でも美濃国の影響下に入ったことがわかる。

（総合情報課長　原　明芳）

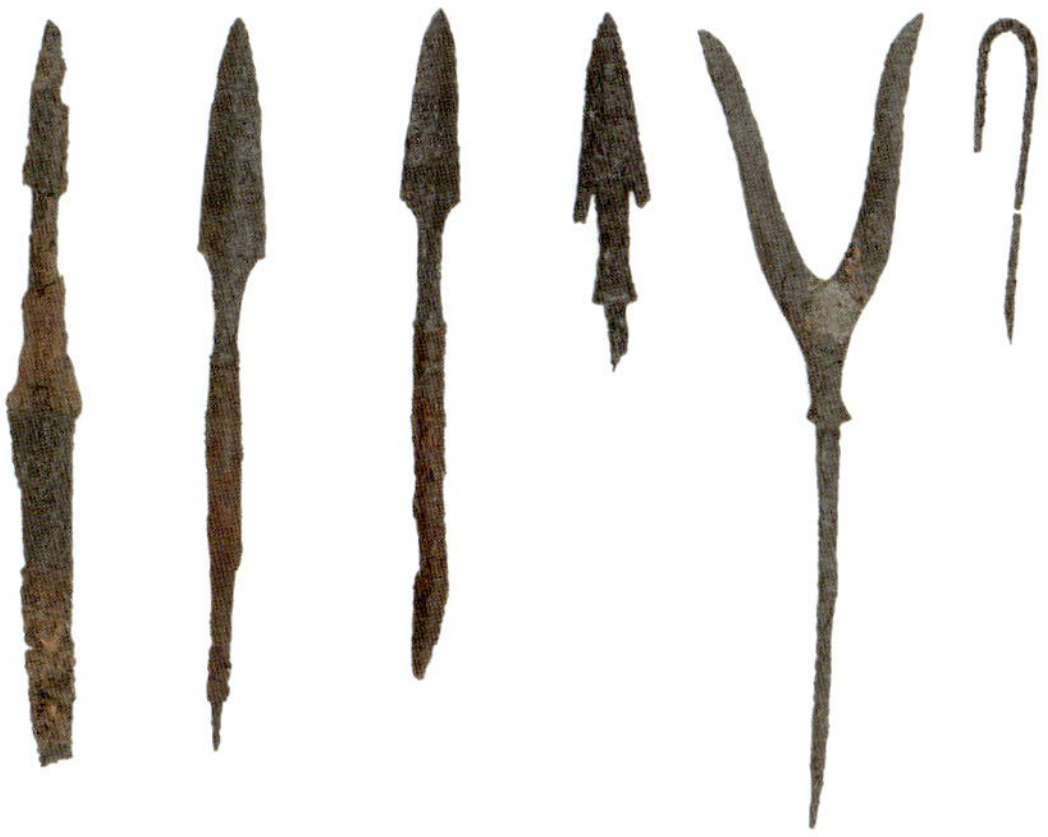

14・15　上の原遺跡墓壙出土品

一括　平安時代　木曽町教育委員会

木棺墓に納められた品々である。灰釉陶器は東濃産虎渓山１号窯式で、10 世紀後半の年代が与えられる。食器が緑釉陶器でないが、塩尻市吉田川西遺跡木棺墓（SK128）と共通し、被葬者はかなりの有力者と考えられる。鉄鏃（出土数は６点）は「弓馬の道」といわれるように武士の道具である。戦い以外にも、霊威があるとされ、除魔の役割を果たした。

16　お玉の森遺跡出土灰釉陶器段皿
墨書「大野保」「政所」

1 口　平安時代後期（10 世紀後半～ 11 世紀）
木曽町教育委員会

東濃産丸石２号窯式で、1000 年前後の年代が与えられる。「大野保」は所領単位、「政所」は機関名と考えられる。

コラム

木曽が育てた源義仲

❖駒王丸信濃へ逃れる

「県歌　信濃の国」の5番は長野県ゆかりの歴史人物を書き上げている。その筆頭は「旭将軍」こと源義仲。義仲は木曽の出身ではない。にもかかわらず「木曽」を称した義仲とはどういう人物だったのだろうか。

義仲の幼名は駒王丸。京都にいた父義賢《よしかた》とともに北関東の秩父《ちちぶ》氏に招かれ移住している。当時南関東では三浦氏に招かれた義賢の兄義朝《よしとも》（頼朝《よりとも》の父）が勢力を持っていた。秩父・三浦両氏の覇権争いがあり、京都の河内源氏直系という貴人《きじん》を双方が求めていた、という背景があり、義賢は滅ぼされてしまう。

駒王丸は信濃にいた乳母夫《めのとふ》の中原兼遠《なかはらかねとお》のもとへ逃れる。なぜ信濃国へ逃れたのだろうか。木曽は関東と京文化圏の境界地点。兼遠は京都の役人中原氏の可能性があると指摘されている。東山道《とうさんどう》は関東と京都を結ぶ重要なルートで信濃はその中間点である。秩父氏出身で筑摩郡に移住した赤木氏は東山道上に拠点を持つ。このように木曽は身を隠すのに都合良い地域だった。その後京都で元服し、六波羅周辺で情報収集するなど、信濃時代の義仲は京都との関わりを持ち続けていたことはこのことを示唆する。

❖義仲挙兵し同志を募る

源平合戦の幕開けとなる治承4年（1180）。鳥羽上皇皇女八条院《はちじょういん》の養子で、後白河法皇の第三皇子以仁王《もちひとおう》が、源　頼政《みなもとのよりまさ》に擁立され平家打倒の兵を挙げる。八条院は全国各地に荘園を有した女院で、その役所にたくさんの武者がいるなど当時絶大な力を持っていた。この頼政の養子となった源仲家《なかいえ》は八条院の蔵人《くろうど》で、頼政と一緒に平等院（京都市）で挙兵し、戦死している。この仲家こそ義仲の兄である。以仁王も戦死、初の平家打倒の動きは失敗した。しかし彼らの呼びかけは八条院蔵人だった義仲の叔父行家の手により全国各地の源氏に伝達された。義仲の挙兵はこうしたネットワークのなかでなされたと考えるべきだ。

義仲は平家の拠点北陸地方をおさえるため、兵を東山道の北へ進める。越後平氏城氏の勢力であった信濃川をさかのぼった千曲川流域には平家を知行主とする荘園や御厨《みくりや》が多数存在していた。義仲は会田・麻績の戦いを経て善光寺平へ入り、9月には平家方の武者笠原頼直を追い落とした。

その後義仲はいったん小県郡依田（上田市丸子）へ、さらに上野国多胡荘《たごのしょう》へ入り、父にゆかりのある武士をとりまとめていった。義仲が各地域の武士へ所領を認める証文を発給するのもこの時期と考えられる（写真1）。

勢力を糾合した義仲は翌年6月、ついに横田河原（長野市）で城氏と決戦するに至った。

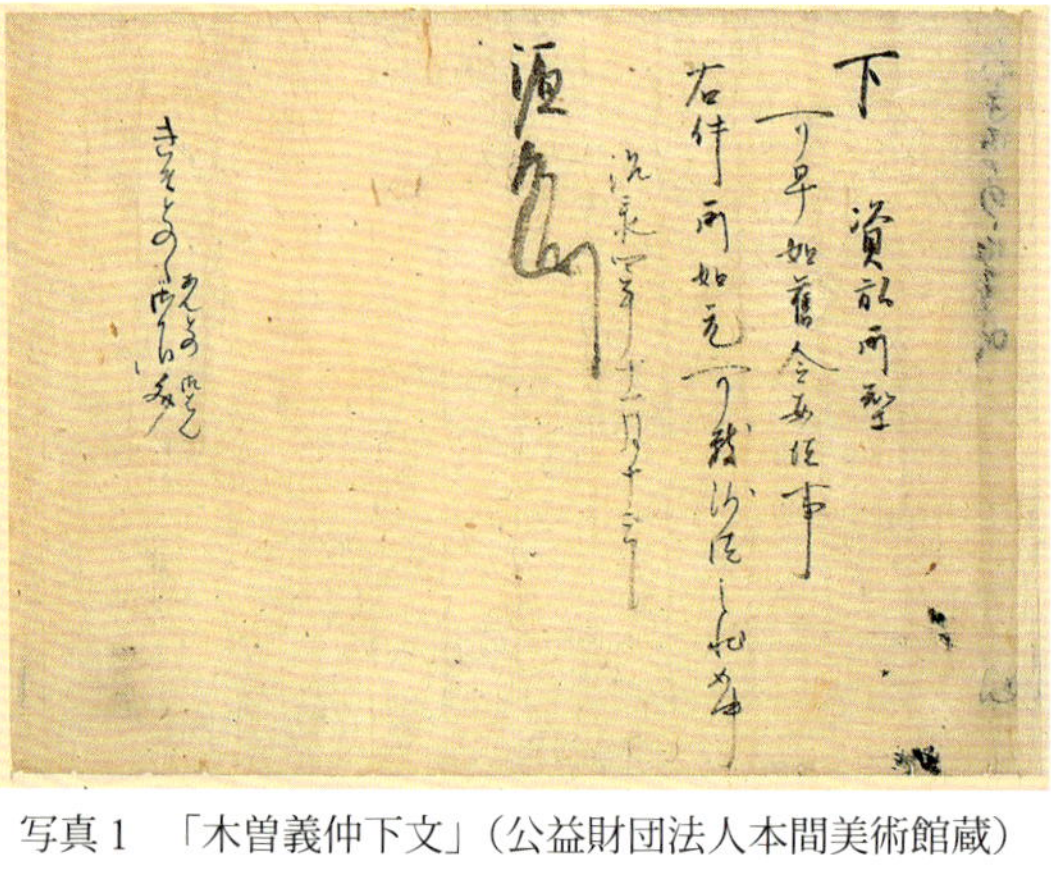

写真1　「木曽義仲下文」（公益財団法人本間美術館蔵）

❖義仲東山道を駆ける

義仲軍の主力の第1は「木曽党」。中原兼遠、樋口兼光・今井兼平、今井与次・与三、木曽中太・弥中太、検《け》非《び》違所《いっそ》八郎、東十郎進士禅師・金剛禅師らがこの主力部隊である。兼遠は、『源平盛衰記』では「信濃権頭」とあり官人であることをうかがわせる。中原姓は信濃にあった名字とは考えにくく、朝廷の下級局務家を出自とする中央官人の可能性があるだろう。兼遠の子で義仲の義兄弟樋口兼光、今井兼平は『源平盛衰記』などで活躍が描かれている。木曽中太、弥中太も名乗りから中原姓を縁故とすると見てよい。東十郎進士禅師・同金剛禅師についてはその出自が不明だが、進士とは大学寮紀伝院文章生を出自とする中央官僚の末端の役人なので、木曽に土着した文官の一族とは考えられないだろうか。検非違所八郎は国衙《こくが》の武装役人の職名なので、信濃権頭だった兼遠により招集されたかもしれない。義仲が信濃国府を襲った形跡がないのは既に兼遠を通じて国府を掌握していたからだろう。

そのほかの義仲の主力とされる「佐久党」は東信地域の武士全般を指している。根井行親（佐久市）は兼遠の要請により、義仲を奉戴し、義仲親衛の兵を集めるために計略をめぐらせた張本人。行親の子は南北佐久において拠点を持つ。東山道沿いの那和（群馬県伊勢崎市）・物井（桃井）（群馬県榛東村）・小角（群馬県太田市）・佐位（西）（群馬県伊勢崎市）・瀬下（群馬県富岡市）各氏も義仲与党である。義仲に与《くみ》する叔父志太義広《しだよしひろ》も東山道常陸国信太《しだ》荘を拠点とした源氏直系である。

❖義仲入京し政権を樹《た》てる

横田河原で勝利し越後から北陸路を進む義仲は比叡山延暦寺の協力を得て入京に成功する。近江源氏・美濃源氏も義仲に参同し東山道から京都へ入り合流した。寿永2年（1183）のことである。義仲は頼政子や美濃源氏、近江源氏などとともに京中守護に任命される。義仲の主力が東日本を東西を貫く東山道の諸勢力だったことが明らかである。比叡山との交渉に尽力した覚明は義仲の唯一といってよい「手書《てがき》」（＝文官）で「平家物語」の義仲関係の記述は彼が身近に見聞きしたことを記したのではないかと言われている（写真2）。

いっぽう源頼朝は後白河法皇に近づき、東国支配権のうち東海・東山道の支配権を獲得。義仲は自らの拠点東山道の支配権を失った。そこで義仲は電撃的に法皇を幽閉、摂政として義兄松殿師家《まつどのもろいえ》を据えた。および平家から没収した所領を継承し、院御厩《いんのみまや》別当および征東大将軍に任命され頼朝追討の命令を獲得する。かくして義仲政権の基盤が構築されたかに見えたが義仲は近江国大津（滋賀県）であえなく討死。

「木曽冠者《きそのかじゃ》」。生まれた地ではない「木曽」の地名を当時の人びとは義仲の名字として認識し、義仲も自称した。「木曽」は東西の端境であるという特殊性があった。東国源氏の中でいち早く平家打倒の挙兵を成し遂げた義仲。東西の動脈の中間地という「地の利」こそが、義仲の快進撃を育んだ、と私は踏んでいるのだが。

（専門主事　村石正行）

写真2　「平家牒状」（「木曽義仲合戦図屏風」当館蔵）

清水冠者

横田河原合戦

43　木曽義仲合戦図《きそよしなかかっせんず》

1双　江戸時代初期　長野県立歴史館

木曽義仲が入京するまでの活躍を『平家物語』を題材にして描いた小屏風。もとは各場面ごとにめくって鑑賞する画帖《がじょう》で熊本藩家老松井家が旧蔵していた。松井家御抱の地方画壇矢野派の作と推定され繊細な筆致が印象的である。貼絵は『平家物語』の語り系のテキストにのみあらわれる「竹生島詣《ちくぶしまもうで》」の場面が描かれていたり、倶利伽羅峠の牛の描かれ方が火牛が描かれていないなど琵琶法師の語りをもとにした写本を参照した描写となっている。右隻の構成は「嗄声《しわがれごえ》」→「横田河原合戦《よこたがわらのかっせん》」→「清水冠者《しみずかじゃ》」→「竹生島詣」→「火打合戦」→「木曽の願書」と進む。左隻は「倶利伽羅落《くりからおとし》」→「篠原合戦《しのはらのかっせん》」のうち今井兼平《いまいかねひら》と畠山重能《はたけやましげよし》の合戦および武蔵三郎兵衛有国《むさしさぶろうひょうえありくに》の最期→「実盛《さねもり》」→「首洗い」→「木曽山門牒状《きそさんもんちょうじょう》」で終わる。入京までの義仲の活躍をクローズアップした構成といえよう。

倶利伽羅落

実盛　二

コラム

木曽の中世

❖木曽の歴史への登場

『続日本紀』の大宝2年（702）の条に「十二月壬寅、始めて美濃国岐蘇山道を開く」と見えるのが、文献の上での木曽の初見である。これに続き、和銅6年（713）の条に「秋七月戊辰、美濃・信濃二国の堺、径道険隘（道が狭く険しい）にして、往還艱難（行き来するのが困難）たり、仍て吉蘇路を通す」とあり、都と東国地方を結ぶ東山道のルートのうち、美濃国坂本駅から神坂峠を越えて信濃国阿智駅に到る道が険しいために、そのバイパスとして「岐蘇山道」「吉蘇路」（江戸時代の中山道とほぼ同じルート）を10年余りの歳月をかけて開通させたというものである。政府はこの功績を称えて和銅7年閏2月、美濃守笠《かさ》朝臣麻呂ら美濃国司や工事関係者に賞を与えた。

❖木曽をめぐる信濃・美濃の国境争い

平安時代の9世紀半ば、元慶3年（879）9月に起こった美濃国と信濃国の国境をめぐる裁判の記事はその後の木曽の帰属を決めたもので、美濃国と信濃国に対し、県坂山岑《あがたさかやまのみね》（鳥居峠）をもって国境とするよう命じている。

裁判の記事によれば、信濃と美濃では、長い間国境をめぐる争いがあったが未解決だったので貞観年中（859～876）、政府は勅使を現地に派遣して、両国の国司立ち会いのもと国境を定めた。この時勅使は「旧記」（古い記録）を検討して、「吉蘇村と小吉蘇村は美濃国恵奈郡絵上郷の地にある。和銅六年に吉蘇路を通じさせた功績により美濃国司に賞が与えられたが、もしこの地が信濃であるならこのように遠い所の工事を美濃国司がするはずがない」という報告をした。県坂山岑を国境とする先の決定はこの勅使の報告にもとづいてなされたのである。ここから木曽は美濃国恵那郡絵上郷に属していたことがわかる。

律令制のもとで信濃国は10郡から構成されていたが、木曽地域は、そのうちのどの郡にも含まれず、美濃国恵那郡の領域であった。

❖木曽の開発

9世紀半ばから後半に国境の争いが起き、裁判を必要とするほどになった背景には、木曽の地に信濃国筑摩郡から人々が入り、経済活動（交易、農業）が活発になったことがあげられる。それは遺跡や出土資料のありかたから理解できる（22～24頁参照）。

日本全体の動向では、9世紀末から10世紀はじめに土地を基準に地域の有力者から税を徴収する体制がはじまり、郡のもとに郷（里）が存在するという地方行政の仕組みが変化し、やがて新たに開発された所領が郷に並んで加わるようになった。

お玉の森遺跡から「大野保」「政所」の墨書のある10世紀後半の灰釉陶器（№16）が出土しているが、この「保」もそうした新たな所領のひとつで、高位の貴族のみが持てる「政所」という家政機関が置かれ、保の経営が行われていたことがわかる。ただ、全国的には「保」などの新しい所領は11世紀半ば以降に出現すると考えられており、この事例は全国的にもっとも早い例になる。

また、10世紀半ばの平将門の乱に際して置かれた「岐曽道使」が乱が終結した天慶3年4月に廃止されるという出来事も注目される。8世紀初めに東山道のバイパスとして開かれた吉蘇路（木曽路）が、10世紀になると東山道の重要なルートとなっていたことがわかる。

❖美濃から信濃へ

平安時代の終わり、文治2年（1186）3月の『吾妻鑑』の記事では、「乃貢未済之庄々」すなわち荘園領主に年貢が納められていない荘園として信濃国の「大吉祖庄　宗像少輔領」が見える。「宗像少輔」とは、大吉祖荘の領家で、摂関家・藤原忠平の7代の孫、藤原親綱である。所在地は木曽地域の北部、現在の木祖村から木曽町一帯に比定されている。木祖村の「聖観音菩薩立像（田ノ上観音）」（№36）や木曽町三岳の「阿弥陀如来坐像」（№37）は、12世紀後半から13世紀前半の鎌倉時代初めの仏像で、大吉祖荘と関連する文化財と思われる。

また、延慶3年（1310）の高山寺文書には「美濃国小木曽庄」とみえ、「小木曽庄」は美濃国に属している。後述するが、現在の大桑村を中心に鎌倉から室町時代の文化財が残されていて、小木曽荘の中心地に比定できるので、大吉祖荘は木曽の北部に、小木曽荘は木曽の南部にあったと考えることができる。

なお、建保3年（1215）の年紀と「美濃州遠山庄馬籠村法明寺常住」の署名をもつ「大般経」（№17）は、木曽地域最南部に比定される「遠山庄馬籠村」（現在の中津川市馬籠一帯か）が鎌倉時代初めに美濃国に属していたことを示している。

このように、平安時代末期以降、公式に国境の変更がなされた形跡はないが、木曽の北部は信濃に、南部は美濃に属すものと考えられていたことがわかる。中世に入ると木曽は美濃・信濃両属の地とでもいうべき状況であった。

❖木曽と木曽氏

平安時代末期、源頼朝とともに平氏打倒に立ち上がった源義仲。幼名「駒王丸」。『吾妻鏡』によれば、駒王丸は乳父である中原兼遠に伴われて「信濃国木曽」に逃れ、兼遠の庇護下に育ち、通称を木曽次郎、木曽冠者、さらには木曽と呼ばれている。また、「信濃国安曇郡に木曽という山里あり。義仲ここに居住す」と記す史料（『源平盛衰記』）もあり、この「木曽」をどこに比定するか議論があり、さらに現在の木曽郡を中心に、義仲に関する故地も多く分布している。義仲を巡る史料からも、木曽は信濃国の内とする認識が広がっていたことがわかる。

戦国時代、木曽一帯を支配した木曽氏。その最盛期は戦国時代の義元（№40）、義在（№41）、義康、義昌の代であるが、その頃自らを義仲後裔として「木曽氏」を名乗るようになる。江戸時代の「木曽氏系図」をみると、同氏は木曽義仲を祖として代々木曽氏を名乗ったことになっている。それによると、義仲を初代として、19代義昌までを一つの系統でつないでいる。各代の名前に注目すると、初代義仲から3代義茂までは「義」を、第4代基家から第15代家豊までは「家」を（但し11代から13代を除く）、第16代義元から第19代義昌までは「義」を共通の文字にしている。系図の上からは、大きく3つに分けられることがわかる。

現地に残された資料をみていくと、義仲からの系譜は確実なものではなく、義仲滅亡後、木曽に登場する有力氏族は「藤原」を名乗っている。

❖木曽の北部と南部の文化

木曽地域に勢力を有した氏族の名前が確かな史料の上でわかるのは、水無《すいむ》神社（木曽町）の「棟札」（№27）の裏面に記された延文2年（1357）10月23日付けの墨書に「大願主越後守藤原家有　以前開基不知年月」とみえるものである。「藤原家有」が水無神社の大願主として延文2年に建造ないし修理をしたことが記録されているが、この時点でいつ創建（開基）されたか年月がわからないとされていることは、水無神社の創建が鎌倉時代以前にさかのぼる可能性を示している。同神社には13世紀前半の「太刀」（№38）や年代が確定できないものもあるが、「懸仏（御正体）」（№25・26）が伝えられていることも参考になる。

また、表面の至徳2年（1385）の棟札には「大願主伊与守藤原家信」と見えるが、いずれも「藤原」を名乗っており、南北朝・室町時代に木曽に勢力をもった氏族は「木曽」を名乗っていないことがわかる。

至徳2年の御嶽神社（木曽町）の「鰐口」（№19）にも「大旦那伊予守家信」とあり、14世紀半ばには藤原家有が、後期には藤原家信が現在の木曽町を中心とする木曽地域の北部に勢力を有していたことがわかる。

なお、御嶽神社には平安時代から室町時代の「鰐口」（№22）、「和鏡」（№28～32）も多数存在しており、南北朝から室町時代に豊かな文化が存在していたことがわかる。

一方、木曽の南部には鎌倉時代に仁和寺領小木曽荘が成立しており、南北朝時代には高山寺領に替わり、地頭として真壁氏がいたことが知られている。これに関して、大桑村の池口寺、白山社などには平安時代から室町時代の仏像（№35）

や「鰐口」(No.18・21)が残されている。これらは、小木曽荘の中心が現在の大桑村殿を中心とする一帯にあったことを示しており、その背景に仁和寺、高山寺や地頭真壁氏の勢力を考えることができる。

このほか、大桑村には密教法具の「五鈷杵」(No.23)「三鈷杵」(No.24)が、さらに、上松町東野の阿弥陀堂に伝来した「聖徳太子和朝先徳連坐影像」(No.33)、「阿弥陀如来絵像」(No.34)もあり、初期浄土真宗の絵画として貴重で、小木曽庄との関連を考えることができる。

❖「キソ谷二郡」から筑摩郡の内へ

天正10年(1582)3月29日、織田信長は信濃から甲斐、上野に攻め込み、武田氏を滅ぼしたが、この日支配地域の国分けを実施し、その知行者を決めた。そのなかに、武田勝頼から織田信長に寝返った木曽義昌への知行安堵について、「同(信濃国)キソ谷二郡　木曽本知　同アヅミ　ツカマ二郡　木曽新知に被下」(「信長公記」)とあり、木曽義昌に木曽谷二郡の本領の安堵と、安曇・筑摩二郡の新恩宛行がなされたことがわかる。

これ以前、信濃を支配下に治めた武田信玄が発給した文書には、「信濃十二郡」「信州十二郡」「信国十二郡」などと記されている。

古代以来、信濃国は10郡から構成されていたが、以上の記事から、戦国期には木曽の2郡を加えた12郡が信濃の郡と考えられていたことがわかる。この2郡とは、おおよそ北部の大吉祖庄の領域と、南部の小木曽庄の領域をそれぞれ一郡にあてて考えることができる。

室町時代には木曽の南部は美濃国小木曽庄で高山寺や真壁氏が支配していたが、その後、北部の藤原氏が南部に勢力を広げて真壁氏を支配下におさめ、おそらくは木曽氏16代義元の頃、「木曽」を名乗るようになり、勢力を拡大していったものと考えられている。

天正18年(1590)、豊臣秀吉が信濃を支配下に入れた際、木曽義昌は下総国海上郡阿知戸1万石(千葉県旭市)に移封された。秀吉は木曽を直轄領とし、代官に支配させたが、そのことを示す史料には、「信濃国　木曽郡　御蔵入」(「天正事録」)とあり、木曽郡と呼ばれた時期があったことがわかる。

木曽の直轄領化は、江戸幕府にも引き継がれたが、幕府は木曽を独立した郡としては把握せず、尾張藩の支配下とし山村氏に支配を任せた。木曽が美濃・信濃いずれに属するかは、最終的に元禄15年(1702)、国絵図と郷帳が作成されたおりに筑摩郡の内とされることで決着したのである。

秀吉以後の直轄地化により、大仏殿や城郭建築用材として、木曽から材木が大量に切り出される体制が整えられていった。角倉氏など河川土木技術を持つ有力商人もこれに密接に関わった。「黒駒繋馬図(絵馬)」(No.58)は、江戸期に入って角倉氏が木曽からの材木調達(伐採・輸送)に深く関わっていたことを示している。


(専門主事　福島正樹)

*( )内の数字は展示資料番号を表す。

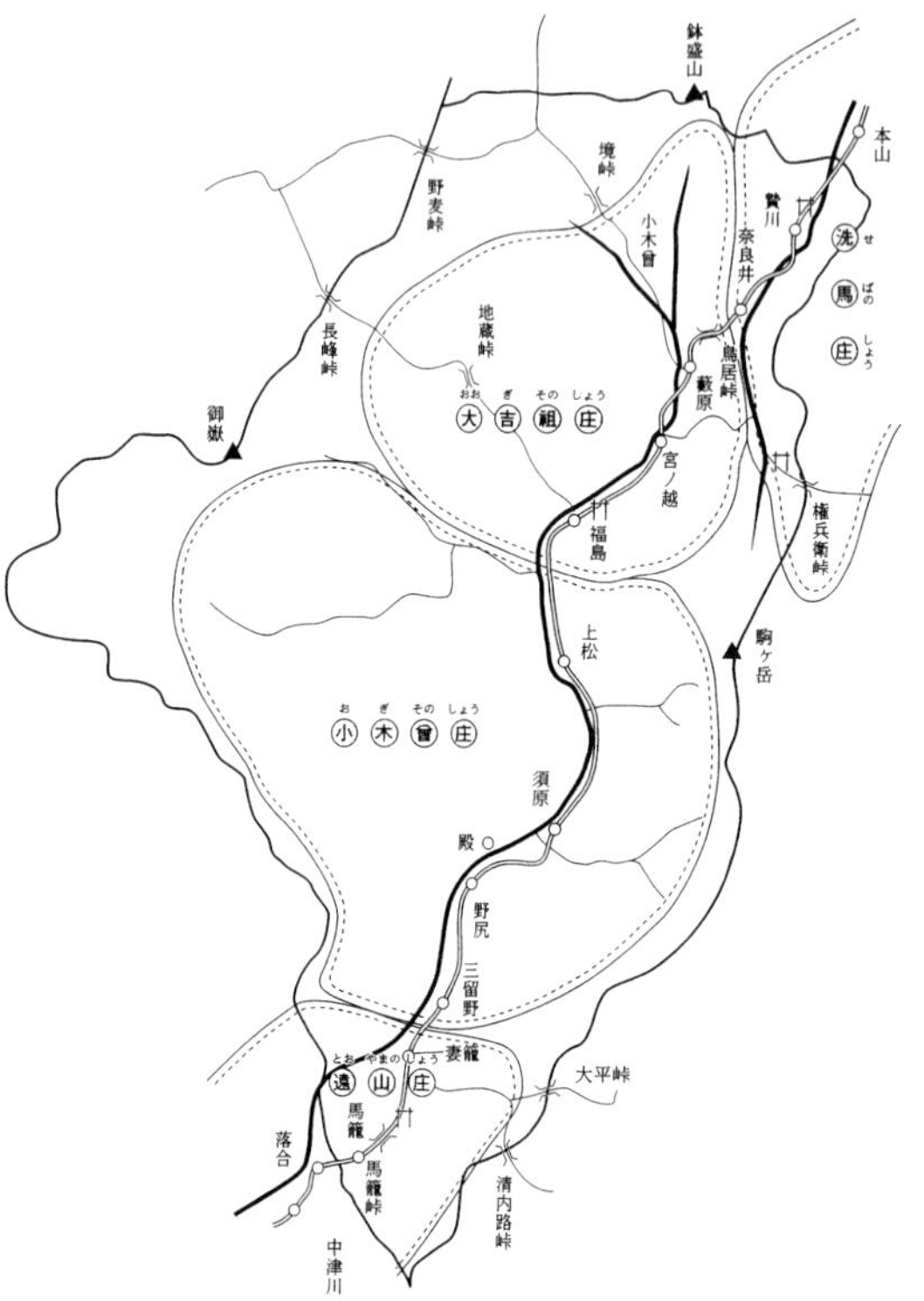

中世の木曽地域

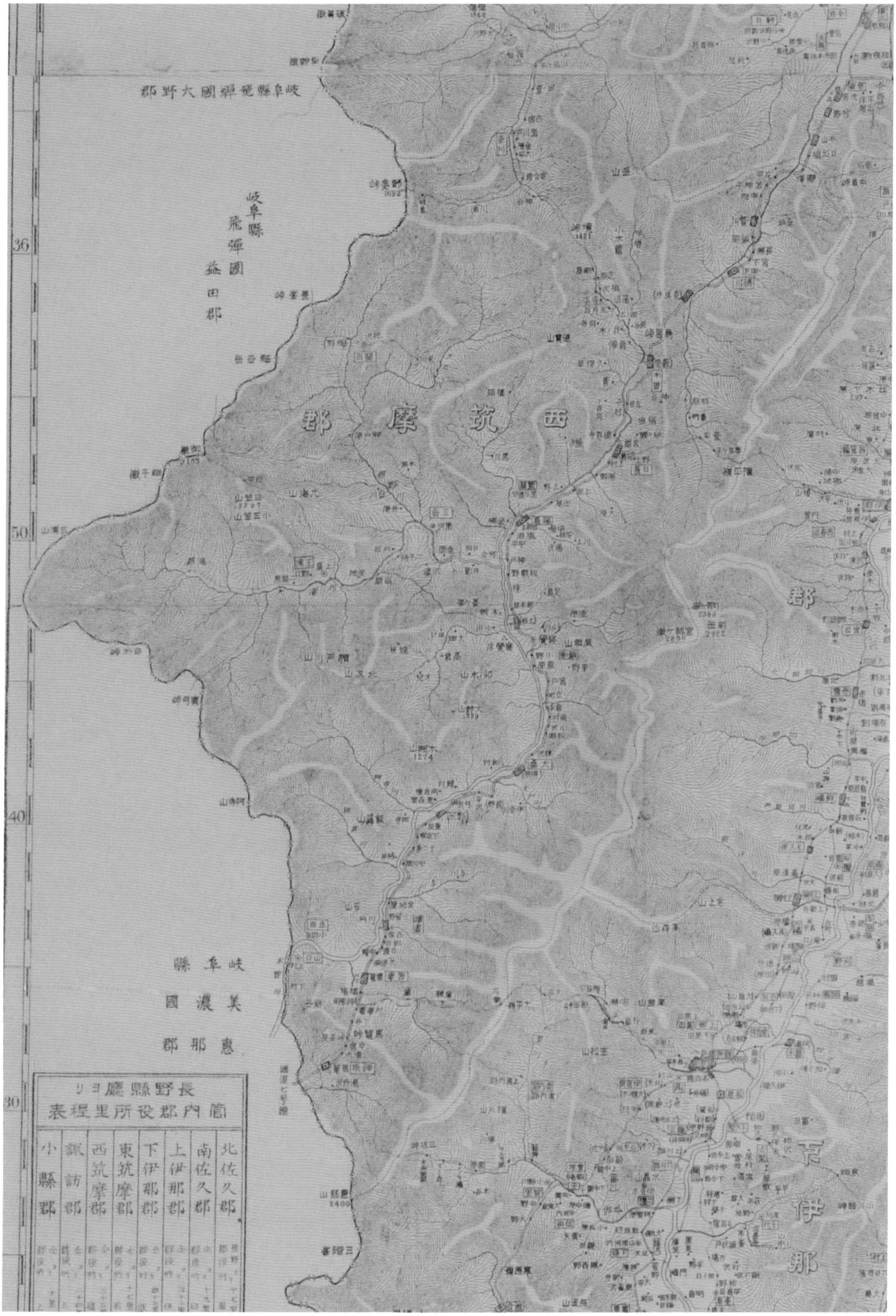

「細密新調査信濃地図」（部分） 明治 39 年（1906） 長野県立歴史館

42　常滑焼　甕《かめ》

1口　室町時代　大桑村教育委員会

底部が欠損するがほぼ完形であり、口縁の形態から室町時代の製品である。近年大桑村長野の民家から発見された。

江戸時代に木曽三留野神社の神職をつとめた園原旧富が書いた『木曽古道記』に、約4万枚の古銭の入った甕が大桑村長野で発掘されたと記されている。その後、甕は行方不明になっていたが、この甕の可能性が高い。

多量の銭を甕などに入れて埋めることは中世によく行われるが、目的は備蓄または祭祀などはっきりしない。

36　聖観音《しょうかんのん》菩薩《ぼさつ》立像（田ノ上観音）

1軀　平安時代〜鎌倉時代（12世紀後半）　極楽寺

木祖村・田ノ上観音堂の本尊。髻《もとどり》を結い上げ、左臂を曲げて掌《てのひら》を外に向け、右手垂下して立つ菩薩形の立像。頭体幹部は内刳《うちぐり》を施さない一木彫で古様を呈するが、髻《もとどり》や列弁《れつべん》といった頭部の造作や円満な相貌などから藤原時代の作であることを伺わせる。伝来は不詳で、二尺ほどの素朴な小像ながら強い存在感を示す。なお、本像が安置される田ノ上観音堂は創建年代は不詳であるが、棟札から安永5年（1776）に再建されたことが判明している。木曽地域にはめずらしく、総欅《けやき》造で茅葺の堂宇である。本像とともに木祖村有形文化財。

37　阿《あ》弥《み》陀《だ》如来《にょらい》坐像

1軀　長野県宝　鎌倉時代（12世紀末～13世紀）　日向区

弥陀の定印《じょういん》を結ぶ等身大の阿弥陀如来坐像。頭体幹部を一材から彫出し前後に割り矧《は》ぐ。穏やかな衣摺表現や粒が細かく鉢の大きい肉髻《にくけい》などは本像が藤原仏の流れを汲んでいることを伺わせるが、がっしりとした体躯や背筋を伸ばした姿勢などにやや時代が降る特徴もみられる。伝来不詳ながら県内でも数少ない等身大の本格的な定印の阿弥陀如来像の一例として貴重である。古くから日向区の阿弥陀堂の本尊として安置されてきたが、平成2年、新しい収蔵庫が建立されここに移された。

写真提供：奈良文化財研究所

35　菩薩形《ぼさつぎょう》立像

1軀　平安時代～鎌倉時代（12 ～ 13 世紀）
※ 1115 年以降　池口寺

大桑村の池口寺薬師堂には、本尊の薬師如来坐像ほか 12 ～ 13 世紀制作の古仏が複数安置されている。本像は、髻を丈高に結い上げ、天衣《てんね》、条帛《じょうはく》、裙を着ける菩薩形の立像。両手を失い尊名は判明しかねるものの、穏やかな相貌や着衣表現は藤原末から鎌倉時代初頭の特徴をあらわす。平成 20 年、奈良文化財研究所によるマイクロフォーカス X 線 CT による非破壊年輪年代測定調査の結果、本像の原木伐採の上限年代は西暦 1115 年であった。

33

聖徳太子和朝先徳連坐影像

1幅　長野県宝　鎌倉末期〜南北朝時代　上松町教育委員会

上松町の東野阿弥陀堂に伝来したもの。和朝先徳連座像と阿弥陀如来像の2幅が現存するが、失われたであろう「十三仏」を含め本来3幅で1具と推定される。浄土信仰を広める日本の高僧らを題材に描いたもの。本資料最大の特徴は、和朝先徳の中に、如信、覚如が描かれていることであり、同様のものは他に類例が少なく、初期浄土真宗の信仰を示す重要資料である。制作年代については、和朝先徳連座影像中の覚如の札銘に敬称がないことなどから、元弘元年（1331）から観応2年（1351）の間の制作になるものと推定されている。

34
阿弥陀如来絵像
1幅　長野県宝（附）　鎌倉末期〜南北朝時代　上松町教育委員会

鰐口《わにぐち》

社殿・仏堂前の軒下につるし、参拝者が綱で中心部分の撞座を打って共鳴させるもの。木曽地域に伝わる中世以前と確認できる銘が刻まれる5点を展示した。

18
鰐口
1口　長野県宝　鎌倉時代　徳治3年（1308）池口寺
刻銘　鼓表　奉施入池口寺鰐口一　沙門覚元　敬白
徳治三年戊申卯月八日
木曽地域で最も古い鰐口である。

20

鰐口

1口　室町時代　応永5年（1398）　白川社

刻銘　鼓表　観音堂三河州賀茂郡足助庄介木郷小方村
応永五年戊寅七月日願主直妙

経緯は不明であるが、応永5年（1398）に製作され三河国足助庄の観音堂にあった鰐口が白川社に奉納された可能性が高い。

21

鰐口

1口　室町時代　永享11年（1439）　白山神社

刻銘　鼓表　北美州小木曽殿村白山奉寳前　敬白
永享未巳三月日鰐口一ヶ大勧進□

北美州は美濃国の北という意味か。そこの小木曽殿村にあった白山社に永享11年（1439）に寄進された。

19

鰐口

1口　南北朝時代　至徳2年（1385）木曽町・御嶽神社

刻銘　肩面　天下太平国土長久

　　　鼓表　信州木曽黒沢安氣大菩薩若宮宝殿鰐口也

　　　　　　至徳二乙丑年六月十二日　大旦那伊予守家信

　　　鼓裏　神主太四郎久次

至徳2年（1385）に社を再興した際に奉献されたものである。「家信」は№27「棟札」の藤原家信のことで、水無神社とあわせて、若宮社が藤原氏の厚い崇拝を受けていたことがわかる。

表面

裏面

22

鰐口

1口　室町時代　天文23年（1554）木曽町・御嶽神社

刻銘　鼓表　信州木曽黒沢安氣大菩薩之鰐口也
　　　　　　大壇那木曽義在同嫡子義康
　　　鼓裏　神主太夫四郎久重
　　　　　　天文二十三年甲刁（寅）年六月十二日

木曽義康が壇越となり、天文23年（1554）に黒沢本社を再興した際に奉献した鰐口である。

表面

裏面

懸仏《かけぼとけ》

御正体《みしょうたい》とも言う。鏡面に仏像を貼り付けたり線刻し、堂内に懸けて信仰の対象とした。平安時代に神仏習合の信仰により生まれたとされ、鎌倉・室町時代にかけて盛んにつくられた。

水無神社には28面の懸仏が伝えられ、その数は長野県でも有数である。形態は、大きく二種類に分けられる。

多くは円形木板に、後背や覆輪、花形を打ち出した銅の薄板を貼り付け、立体的な打出仏を貼り付ける。打出仏は、聖観音菩薩坐像と思われる。銅製薄板で造られた天蓋や華瓶なども付けられている。獅噛《しかみ》形の環座《かんざ》が取り付けられ目の部分などは彩色されているものも見られる。背後の木板が失われたり破損したものも含めて21点ある。直径14～16・5センチメートルと幅があるが、製作方法が共通していることから、一括して製作され納められたと考えられる。

もう一つは、木板に貼り付けない、ただの銅板に吊すための上方2ケ所に穴を開けたもので、7点ある。うち1点は表面に墨で菩薩像と後背を描く他にも不鮮明ではあるが菩薩像線で刻み、墨で後背を描き彩色したものもある。

26　懸仏（御正体）

1面　鎌倉時代～室町時代　銅板・墨画　水無神社

25　懸仏（御正体）

3面　鎌倉時代～室町時代　木板・銅板彩色　水無神社

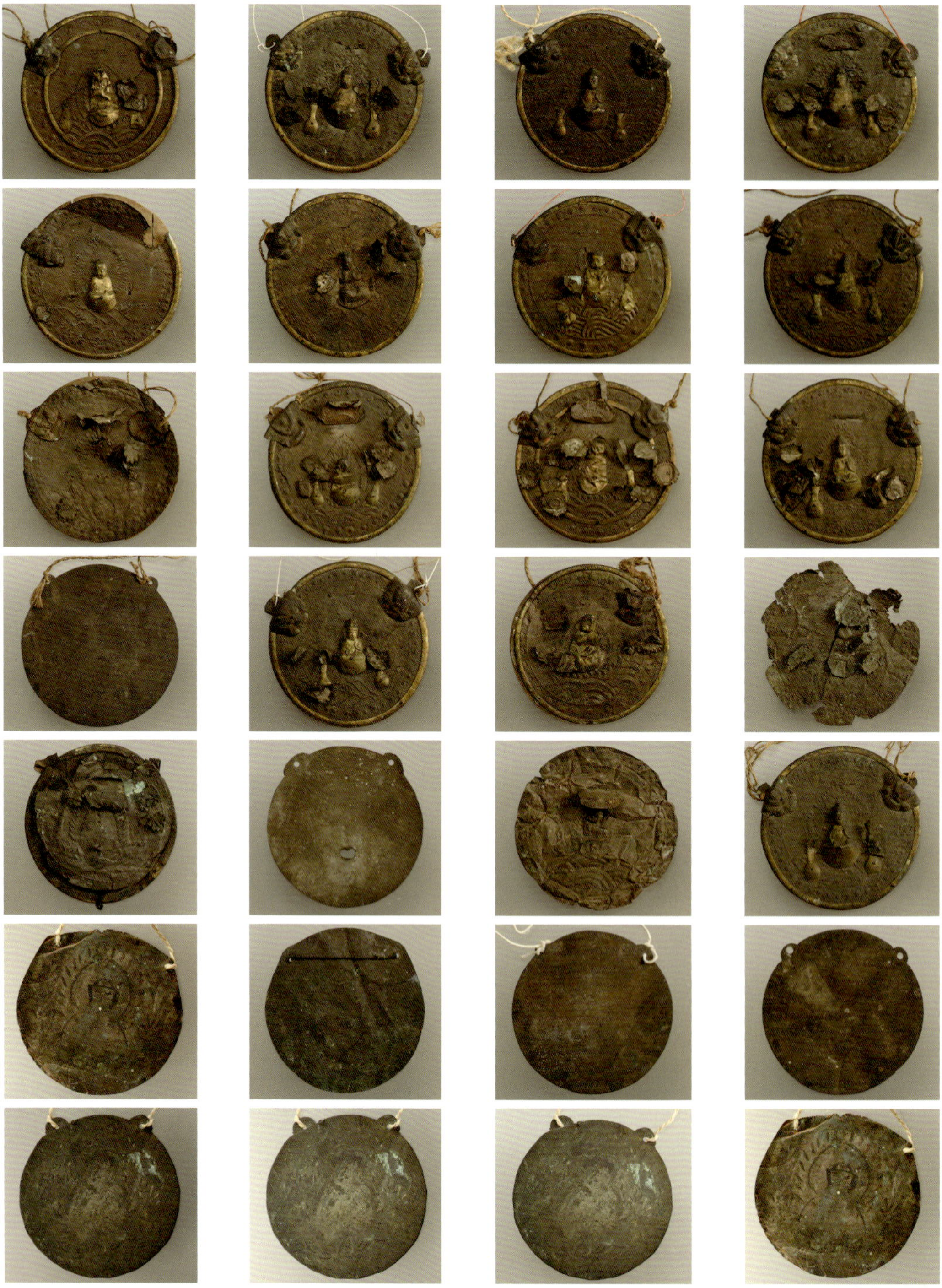

参考２　懸仏（御正体）

鎌倉時代〜室町時代　水無神社

金剛杵《こんごうしょ》

護摩法要など密教の儀式に用いられる、代表的な法具である。爪状の両端の数により、独鈷杵・三鈷杵・五鈷杵と呼ばれる。爪は銛から変化したものといわれ、悟りをさまたげる煩悩を打ち砕き、菩提心をおこさせるとされている。

24 三鈷杵《さんこしょ》

1口 南北朝時代～室町時代初期 出雲神社

鋳銅製で鍍金が施されている。

23 五鈷杵《ごこしょ》

1口 鎌倉時代後期 出雲神社

鋳銅製で、鍍金は失われている。

17 大般若波羅密多経

100冊　建保3年（1215）　個人

鎌倉時代以降になると、宋版（印刷物）の一切経などがもたらされたこと等により、大規模な写経はおこなわれなくなる。そんな中でも一切経の筆頭『大般若経』六百巻は、しばしば書写された。

当初は600巻あったと思われる『大般若経』の内、巻第一から巻第一百までの100巻が木箱に収められている。巻第一は、唐太宗の撰文による「大唐三蔵聖経序」と、高宗による「大唐三蔵聖教記」ではじまる。その奥書には、「建保三年五月十二日校始了／以園城院本校之了　行顕」とあり、この年に校合が完了したことがわかる。また、巻数の前の空行には「美濃州遠山庄馬籠村法明寺常住」と書かれている（ただし書写生とは別人の筆か）が、「法明寺」についての詳細は不明である。

複数の写経生によるため、各巻毎に相当の技術差がみられるが、たとえば、「巻二」等は、肉太の楷書で、質実な書風を感じさせる。また、複数巻に「応永十九年壬申小春中旬日修理畢」とあることから、おそらくこの際に巻子本から折本へと仕立て直したものと考えられる。

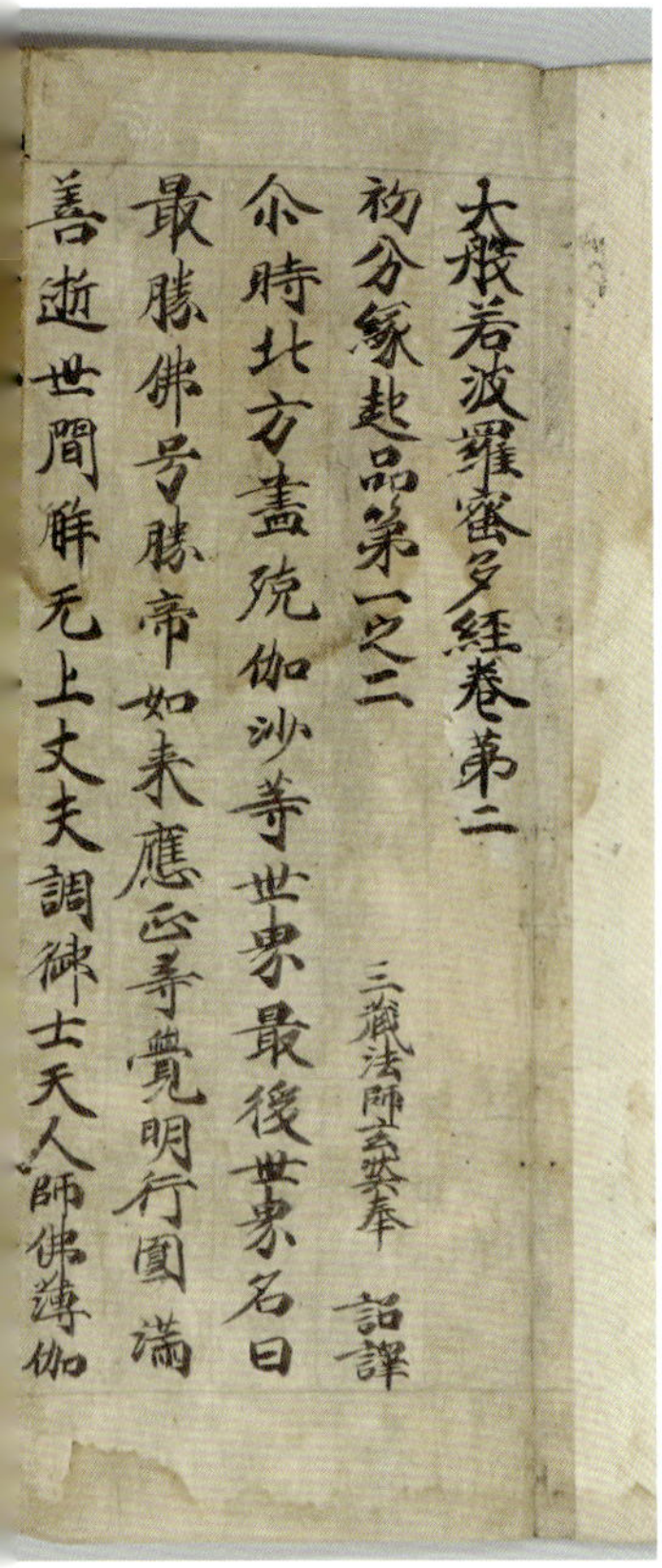

（巻第二巻首）

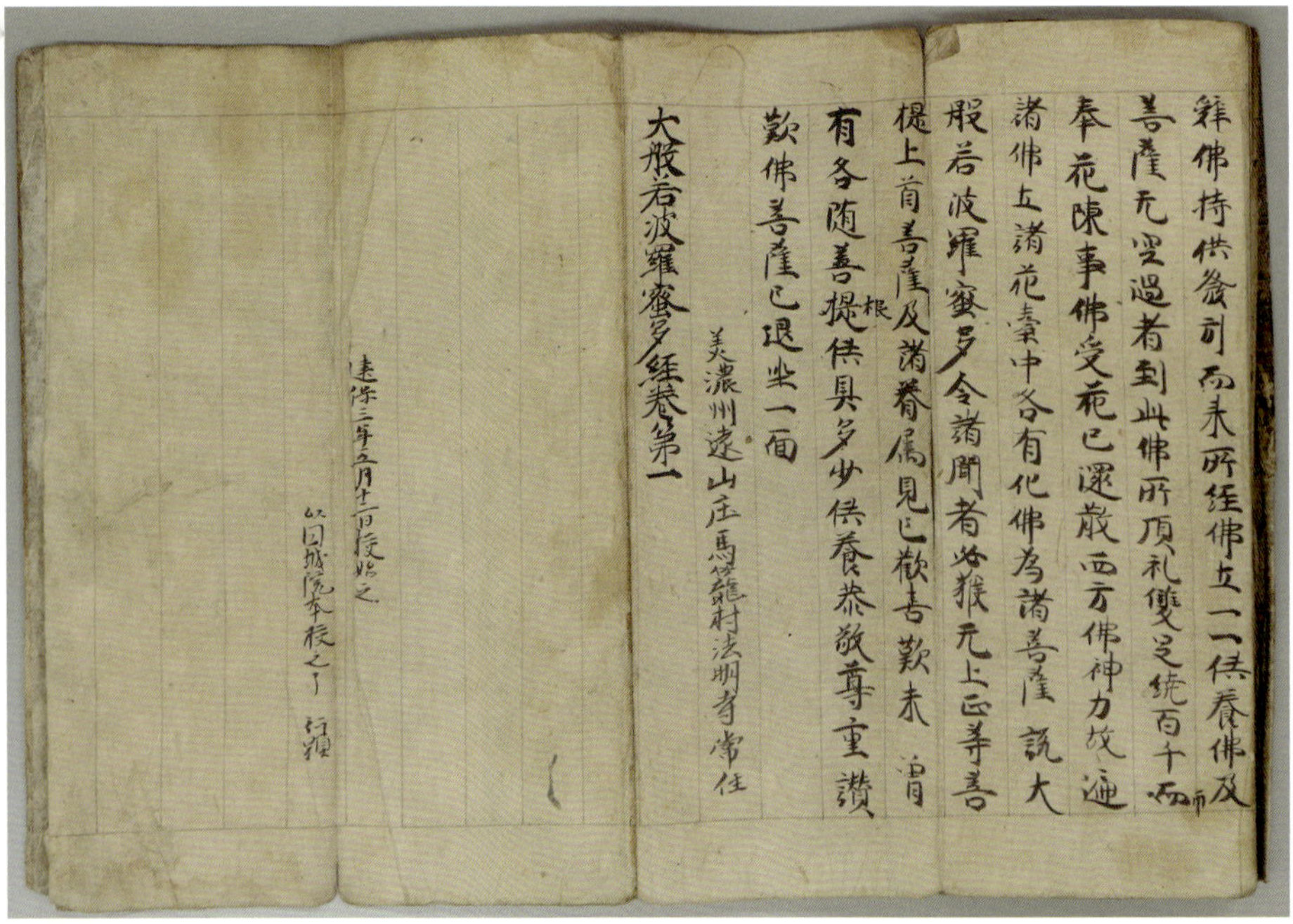

（巻第一巻末）

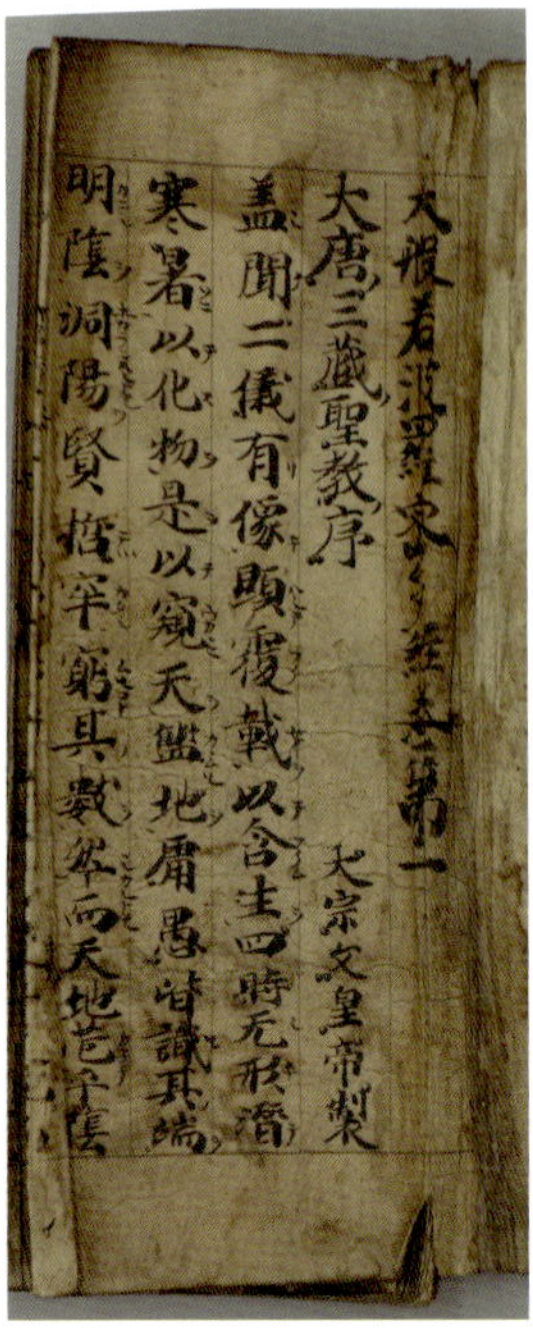

（巻第一巻首）

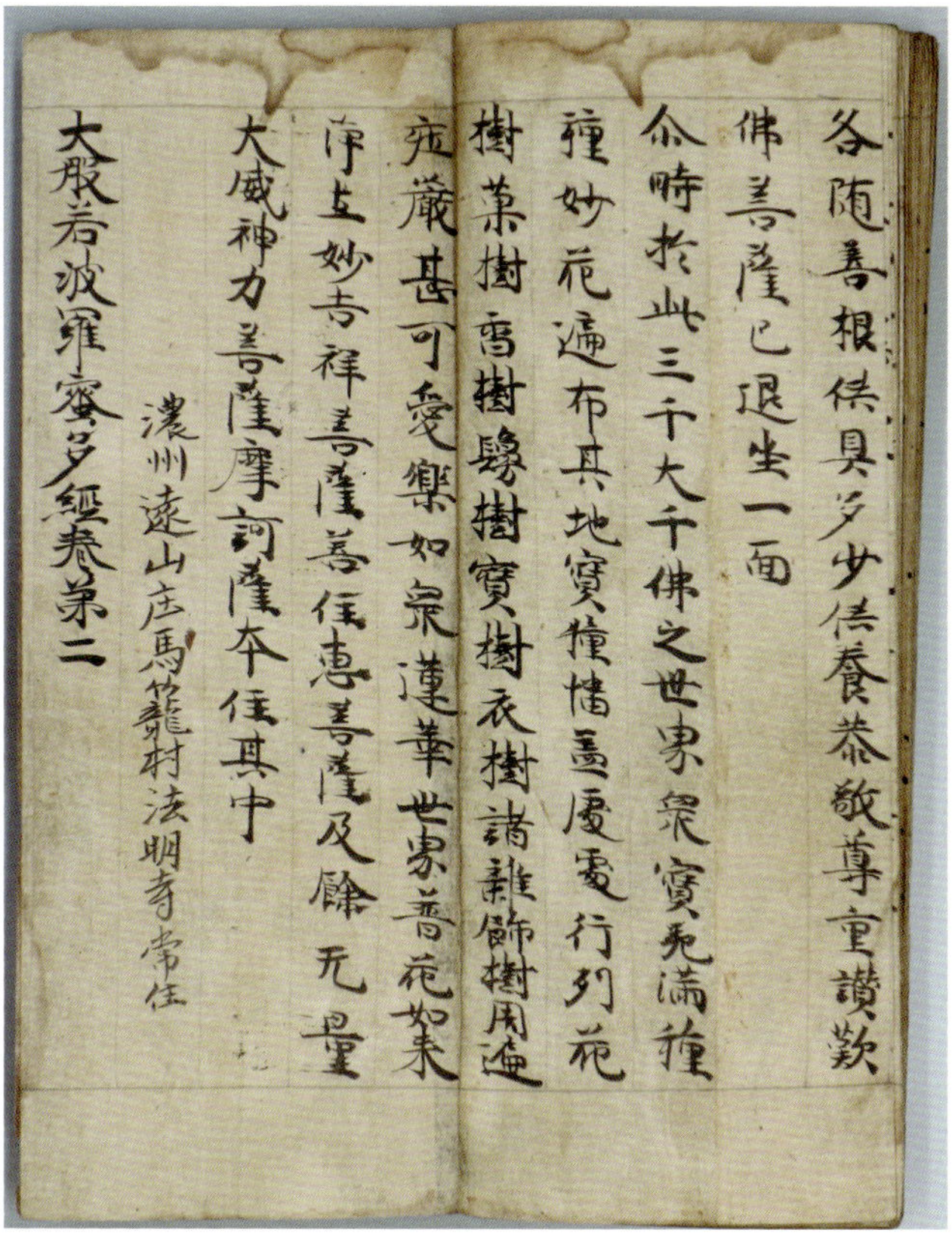
各随善根供具多少供養恭敬尊重讃歎
佛菩薩已退坐一面
尒時於此三千大千佛之世界衆寶充満種
種妙花遍布其地寳幢播蓋處處行列花
樹菓樹香樹鬘樹寶樹衣樹諸雜飾樹周遍
莊厳甚可愛樂如衆蓮華世界善花如来
浄土妙吉祥菩薩善住慧菩薩及餘无量
大威神力菩薩摩訶薩亦住其中
濃州遠山庄馬籠村法明寺常住
大般若波羅蜜多經巻第二

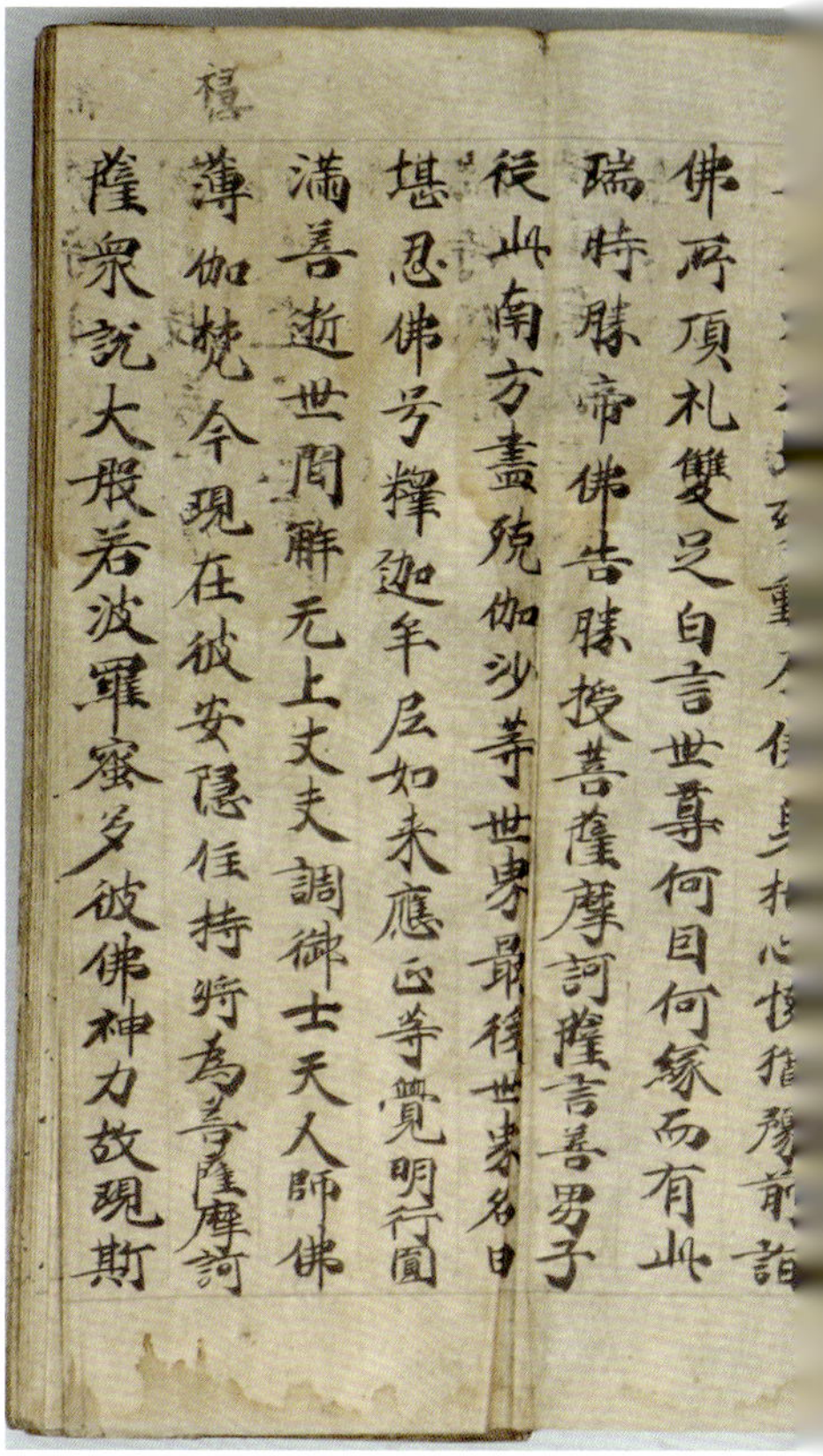
佛所頂礼雙足白言世尊何因何縁而有此
瑞特勝帝佛告勝授菩薩摩訶薩言善男子
従此南方盡殑伽沙等世界最後世界名曰
堪忍佛号釋迦牟尼如来應正等覺明行圓
満善逝世間解无上丈夫調御士天人師佛
薄伽梵今現在彼安隠住持将為菩薩摩訶
薩衆說大般若波羅蜜多彼佛神力故現斯

（巻第二巻末）

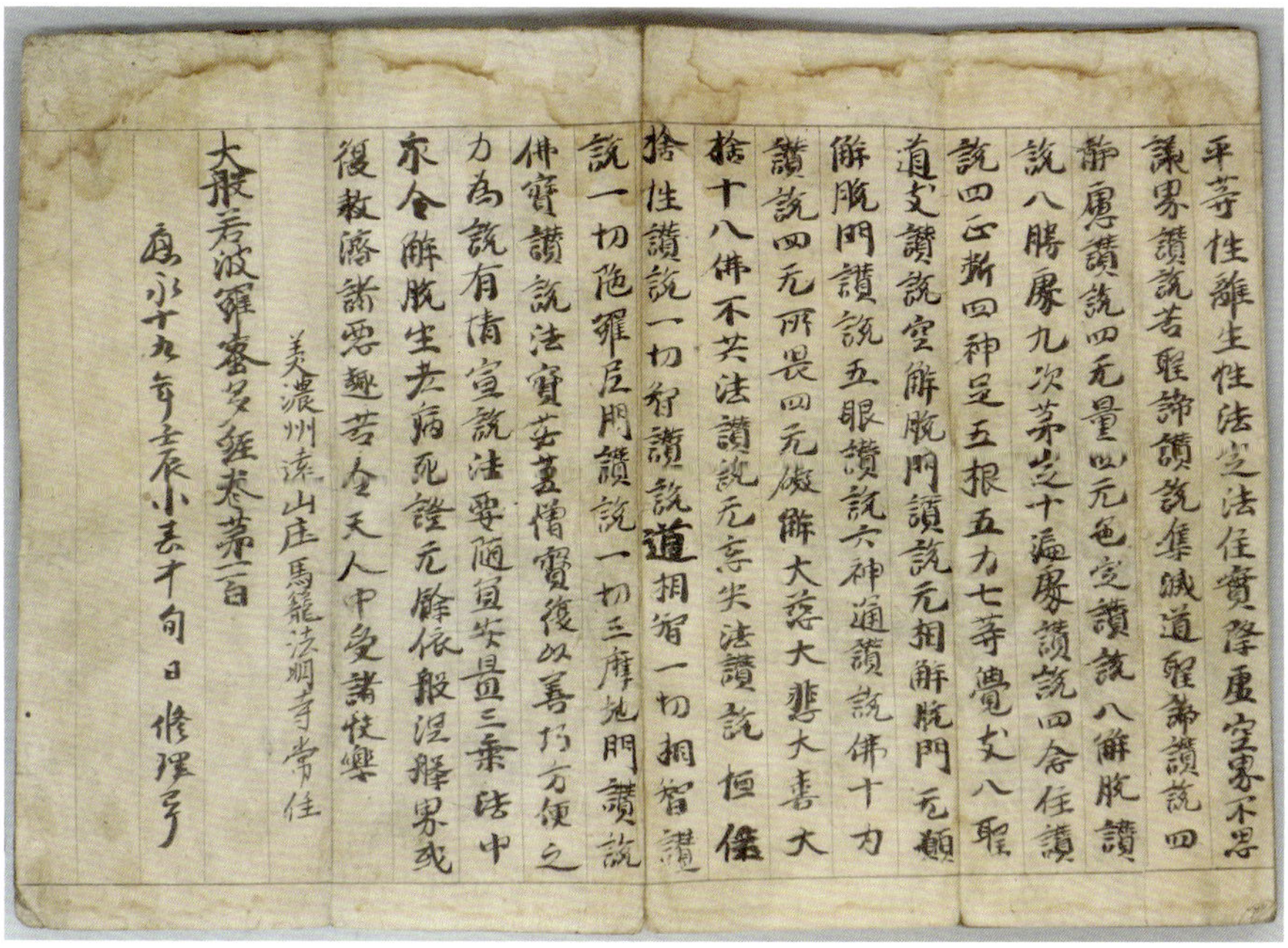
平等性離生性法定法住實際虚空界不思
議界讃説苦聖諦讃説集滅道聖諦讃説四
静慮讃説四无量四无色定讃説八解脱讃
説八勝處九次第定十遍處讃説四念住讃
説四正断四神足五根五力七等覺支八聖
道支讃説空解脱門讃説无相解脱門无願
解脱門讃説五眼讃説六神通讃説佛十力
讃説四无所畏四无礙解大慈大悲大喜大
捨十八佛不共法讃説无忘失法讃説恒住
捨性讃説一切智讃説道相智一切相智讃
説一切陁羅尼門讃説一切三摩地門讃説
佛寶讃説法寶苾芻僧寶復以善巧方便之
力為説有情宣説法要随宜安立三乗法中
亦令解脱生老病死證无餘依般涅槃界或
復教濟諸悪趣苦令天人中受諸快樂
美濃州遠山庄馬籠法明寺常住
大般若波羅蜜多經巻第一百
應永十九年壬辰小春中旬日 修理了

（巻第一百巻末）

和《わ》鏡《きょう》

王滝村・御嶽神社は14面の鏡を所蔵している。鏡背面文様が、日本の自然風景に見られる鳥に、木や草花などをやわらかな調子で配置した和鏡である。その製作年代は中世から近世までと大きな幅がある。御嶽信仰が盛んになった近世に、参拝者が奉納したものと思われる。

30　山吹双雀鏡
1面　鎌倉時代　王滝村・御嶽神社

31　松喰鶴鏡
1面　平安時代末～鎌倉時代初期
王滝村・御嶽神社

28　梅花双雀鏡
1面　平安時代末（12世紀末）
王滝村・御嶽神社

32　菊花双雀鏡
1面　室町時代　王滝村・御嶽神社

29　菊花擬漢式鏡
1面　鎌倉時代　王滝村・御嶽神社

参考3　和鏡

9面　中世〜江戸時代　王滝村・御嶽神社

木曽の神社

※本展の出品資料所蔵者

南木曽町・伊勢山
（山麓に楯守神社が鎮座する）

木曽町三岳・白山社

木曽町福島・水《すい》無《む》神社

王滝村・御嶽神社　里宮

木曽町三岳・御嶽神社　若宮

大桑村・白山神社（重要文化財）

出雲神社の鎮座する大桑村の山々

27
棟札

1枚　（表）至徳2年（1385）（裏）延文2年（1357）　水無《すいむ》神社

木曽町の水無神社に残る木曽地方最古の棟札。至徳2年6月3日に、伊与守藤原家信が大願主（スポンサー）で、藤原有重を奉行人（事業実施の責任者）として水無神社御宝殿を造立（再建）したことを示す。大工1名・小工3名が仕事にあたり、馬3疋、料足30貫文を費用として下行した。本棟札の裏面には、「延文二年十月二十三日大願主越後守藤原家有　以前開基不知年月」と記されており、28年前にも造立ないし修理が行われたこと、その時点ですでに水無神社の開基や創建年月が不明であったことがわかる。このことは、水無神社の創建が南北朝時代以前にさかのぼる可能性があることがわかる。なお、ここにみえる藤原姓の家有、家信らは室町時代後期に木曽氏として登場する一族と思われる。

釈文

（表）

水無大明神御宝殿至徳二稷丁丑林鐘初三造畢　大願主伊与守藤原家信　奉行人原野弾正藤原有重

大工斯輪兵衛次郎入道妙禅　馬三疋料足三十貫下行

小工兵衛五郎重宗　衛門次郎頼宗　右馬四郎兼宗

（裏）

延文二年丁酉十月廿三日　大願主越後守藤原家有　以前開基不知年月

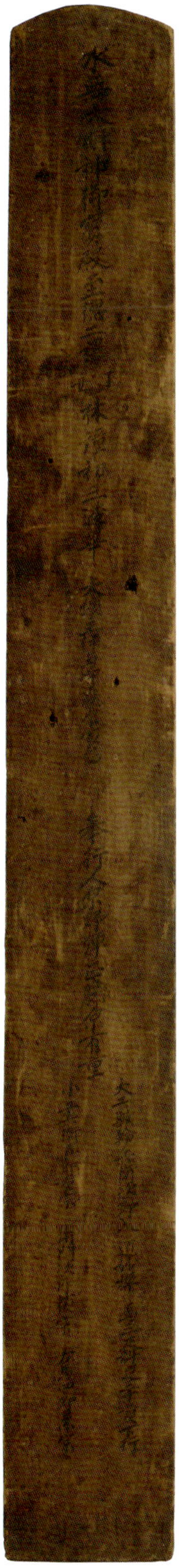

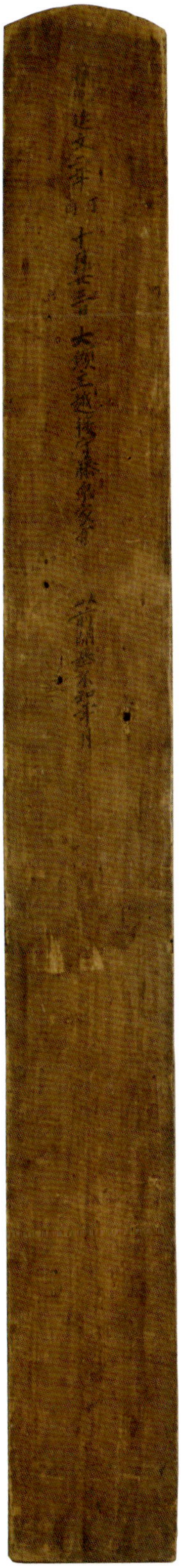

＊板面には、複数個の釘穴が空く。

40

木曽義元《よしもと》像

1幅　長野県宝　天文5年（1536）　定勝寺

臨済宗妙心寺派の古刹で木曽氏ゆかりの定勝寺につたわる木曽義元の画像である。戦国時代の信濃国の武将のなかで肖像画が残されているものはこの義元像と子義在像のみである。義元は家豊の子として生まれ飛騨国三木重頼が永正元年（1504）王滝へ侵入した際にこれを撃退するために出陣するが負傷し、引き上げの途中没した。享年33才。賛文は臨済宗聖一《しょういち》派の僧で東福・南禅寺両住侍を歴任した茂彦善叢《もげんぜんそう》が天文5年の義元33回忌にちなみ著したもの。画像は額と鼻を大きく強調し斜に構えた表情が印象的である。画風は地域色を脱しないが、体躯を大きく描き素足を出して座る姿は在りし日の猛将義元のイメージをうかがわせる。支援者である檀越《だんおつ》を顕彰し後世に伝えるため寺が発注したのだろう。

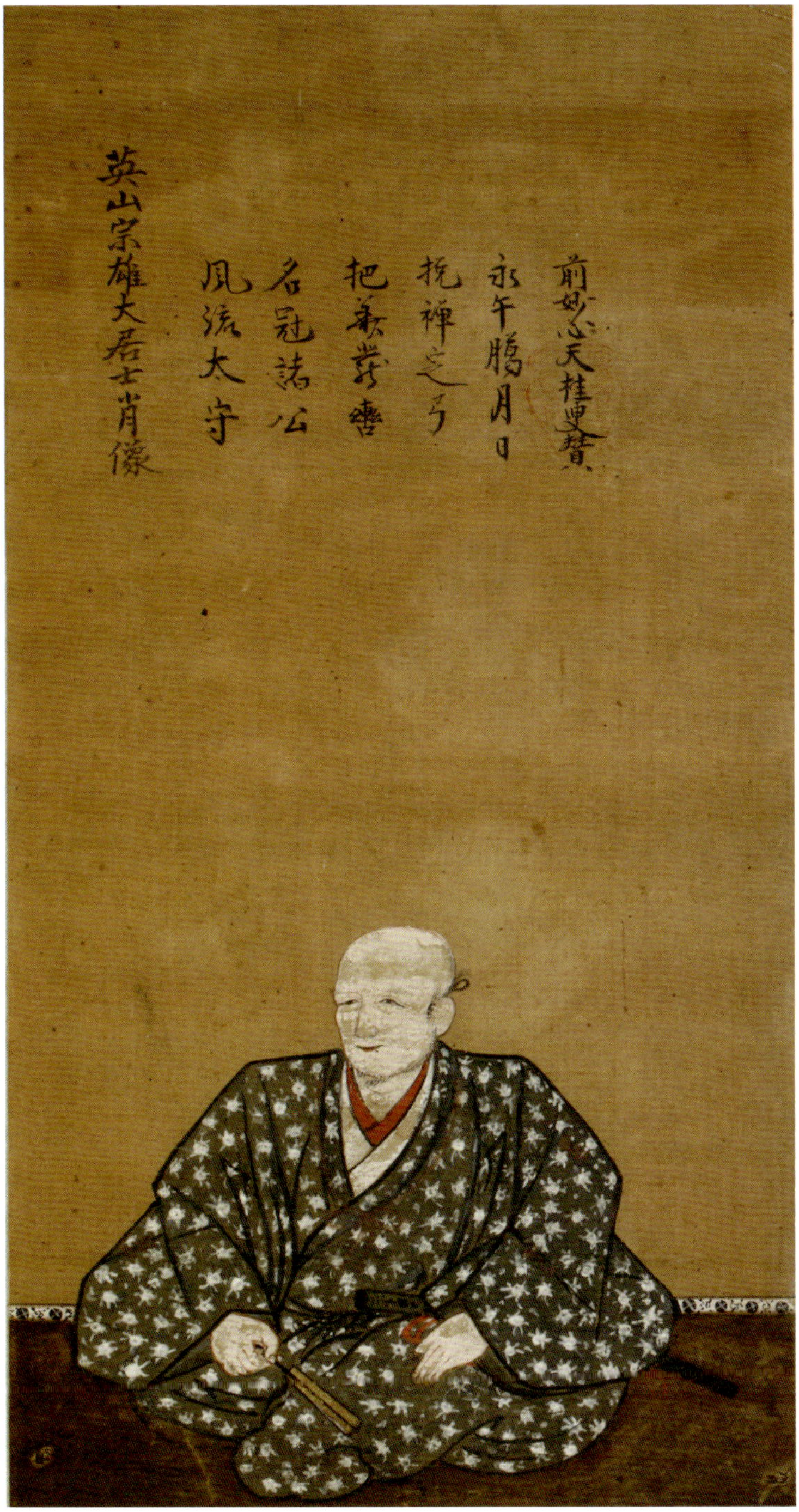

41

木曽義在《よしあり》像

1幅　永禄元年（1558）　定勝寺

木曽義元の子である。父が飛騨国三木重頼との戦いで戦傷死したため9才で家督を継いだ。家臣黒川氏の援助を受け成長したという。「木曽考続貂《きそこうぞくちょう》」によれば、天性は温良でみずから干戈《かんか》を停め士民を撫《ぶ》するほか他なしといい、仁政を布《し》いたと評せられている。天文6年（1537）9月18日没、享年45。改めて画像を一瞥《いちべつ》すると父義元像と異なり、好々爺《こうこうや》風の温厚な老体を描いており、彼の治世時の風貌を伝えているといえる。著賛《ちゃくさん》は妙心寺派の天桂玄長《てんけいげんちょう》のもので、「永午朧月日」とあることから永禄元年（1558）12月に制作されたものとわかる。天桂は木曽龍源寺、諏訪慈雲寺、甲斐恵林寺の住侍であった。義在は諸侯より「風流太守」と称された国人領主で、ひとときの木曽氏の安寧をもたらした檀越《だんおつ》として寺より顕彰されたのだろう。

コラム

木曽義昌
―武田氏滅亡の契機をなした男―

長野県立図書館所蔵の『木曽殿伝記』によれば、信玄は天文24年（1555）3月中旬、木曽へ攻め込みましたが、木曽でも兼ねてから所々に要害を構え、石弓を張り、大木を倒して逆茂木《さかもぎ》（敵の侵入を防ぐために、茨の枝を束ねて結った柵）を引いて、堅く守って用心を怠らなかったので、諏訪に逗留しました。その後、武田軍が糧道を断って兵糧攻めをしたため、木曽義康は講和を申し込みました。4月上旬の信玄帰陣に際し、義康は人質として妻と息女の岩君を甲府に派遣しました。喜んだ信玄は「木曽は元来源氏の名家であるから義昌を婿にしよう」と、この年の冬に甲府から娘を木曽に入輿させ、千村左京と安部主計を付けました。

義昌の甲府出仕や信玄の娘の木曽への輿入などについて、同時代の確実な史料などでは確認できませんが、信玄の娘が義昌の妻になったことは、『武田源氏一流系図』や『一本武田系図』などに見え確実です。彼女は真理姫とされ、三岳（木曽町）に彼女のものだという五輪塔、福島（木曽町）の大通寺に供養塔があります。

真理姫のものと伝わる五輪塔

信玄時代の武田氏の武力を比較的正確に反映しているといわれる『甲陽軍鑑』の「武田法性院信玄公御代惣人数之事」では、「木曽殿」（義昌）が御親類衆として200騎を従えています。この人数は信玄弟の信繁、武田の家督を継ぐ勝頼、武田氏の親族衆の穴山信君と同じで、信玄の統治下でいかに木曽氏が勢力を持っていたかを示しています。

信玄は永禄7年（1564）と思われる6月7日、千村俊政と山村良利に「去年義昌が来た返礼として、信玄父子がそちらに行くか、勝頼を派遣しようとしたが、打ち続いて関東に出陣しており、寸暇を得ないので行くことができずに残念である。まずは工藤七郎左衛門尉が口上を伝え、何事もない時に信玄が洗馬（塩尻市）辺まで参って直接会って申し述べる」と書状を出しています。永禄7年7月下旬に武田軍が飛騨に侵入すると、信玄は8月7日に山村良候に感状を出しました。木曽氏重臣に信玄が直接連絡を取っているのは、木曽氏を牽制しようとし

『甲越勇士鑑』に描かれた木曽義昌

たのでしょう。

元亀3年（1572）8月頃、木曽氏は信玄の命令によって遠山氏とともに飛騨に侵入しました。信玄は9月26日に山村良利に飛騨の調略の戦功に対し、濃州のうち一所を渡すことを約束し、11月9日に約束に従って濃州安弘見（中津川市）で300貫文の地を与えました。その子の良候にも濃州千檀林・茄子河（中津川市）両地の間で300貫文を宛がいました。信玄は木曽氏の家臣の中でも最も勢力を持つ山村氏を直接の家臣に組み込み、主従関係を結んだといえます。こうしなければならないほど、信玄にとって木曽義昌は不安の種だったのでしょう。

天正2年（1574）2月、武田勝頼は山村良利・良候父子に信玄が与えた美濃での知行を安堵しました。これは武田の代替わりに伴うもので、引き続き山村父子を直接の家臣として置こうとする意図によります。翌年7月13日、勝頼は山村良候に信州手塚（上田市）で50貫文の地を与えました。木曽から離れた場所で地を与えたのは、山村氏を義昌から離し、木曽氏を牽制するためでしょう。その他、信玄は木曽谷の入り口を押さえている奈良井氏も直接支配して、木曽氏の監視をさせようとしました。

信玄、勝頼のこうした動きにも関わらず、義昌は武田家を裏切りました。

『信長公記』によれば、天正10年（1582）3月20日、木曽義昌は上諏訪の法華寺（諏訪市）にいた信長のもとへ出仕し、馬2匹と高価な太刀一腰（梨地の蒔絵で金具は焼き付け地彫り、目貫笄は12神を後藤源四郎が彫った）、黄金100枚を差し出しました。これに対して信長は、義昌に信州のうちで筑摩・安曇2郡を新たに知行させた上、義昌を見送りに縁側まで出ました。

これより先、義昌は長篠合戦に参加せず、軍事力を温存していましたので、武田家の弱体化につけ込んで、独自な木曽支配を強化しました。そして、天正10年（1582）2月1日に信長に味方することを表明し、勝頼を攻め滅ぼす軍勢を出すよう、苗木（岐阜県中津川市）の苗木久兵衛（遠山友政）を通じて信長に申し出たのです。　義昌が謀反を起こしたと聞いて、勝頼親子などは移ったばかりの新府城（山梨県韮崎市）から馬を出し、1万5000ばかりの兵で諏訪の上原（茅野市）に陣を敷いて、領国へ入る諸口の警固を命じました。2月6日、義昌は織田信忠の家臣の塚本三郎兵衛尉へ書状を送って来援を求めました。既に2月3日、信長は武田領国攻撃のために軍勢を出すように指示し、駿河口から徳川家康、関東口から北条氏政、飛騨口から金森長近を大将として軍を動かし、伊奈（伊那）口から本人と息子の信忠が二手に分かれて攻め入ることにしていました。武田軍は敗戦を続け、勝頼も天正10年（1582）3月11日に戦死しました。

信長は3月14日に浪合（阿智村）で勝頼父子の首実検をし、15日に飯田（飯田市）に勝頼の首をさらし、19日に上諏訪の法華寺へと陣を進めました。義昌は20日に信長のもとに出仕し、筑摩・安曇2郡を新たに加増されたのです。信長は29日に勝頼の旧領を分配し、義昌に木曽谷2郡と安曇・筑摩2郡を改めて与えました。

6月2日、本能寺の変が起き、信長は没しました。このため、支配が固まっていなかった旧武田領国は再び混乱に陥りました。安曇・筑摩郡については、信玄に信濃を追われた小笠原長時の嫡男貞慶が掌握しようとし、北から上杉景勝も触手を伸ばそうとしました。さらに東からは北条氏政も狙っていました。結局、義昌は二郡をしっかり支配できませんでした。天正18年8月1日の小田原陣に参加した大名に恩賞が与られましたが、義昌の主君に位置づけられた徳川家康は関東に臨戦体制のまま移封されましたので、信濃の大名たちも関東へ移りました。義昌も下総の網戸（千葉県旭市）に移り、海上郡で一万石を与えられ、網戸村の近くに城地を構えて落ち着きました。その後、彼は文禄4年（1595）3月17日、網戸で56歳の生涯を閉じました。

主君を裏切った義昌の動きは特殊な行動に見えますが、当時自分の家を守るために裏切りは当たり前でした。その典型が次々と主を変えた真田昌幸だともいえるでしょう。残念ながら、木曽家は義昌の子である義利の代に改易されてしまいました。

（館長　笹本正治）

38

太刀 銘 □恒

1口 長野県宝 鎌倉時代（13世紀前半） 水無神社

細鏨で切られた「恒」銘以外は不明だが、作風から備中《びっちゅう》国（岡山県）の青江《あおえ》一派に属する製作と考えられている。目釘孔が一つで、生茎《うぶなかご》という、製作当時の姿をそのまま伝える貴重な太刀である。高い腰反りと鋭い中切先の姿から、鎌倉武士が佩用《はいよう》した太刀として、長野県宝に相応しい名刀といえる。

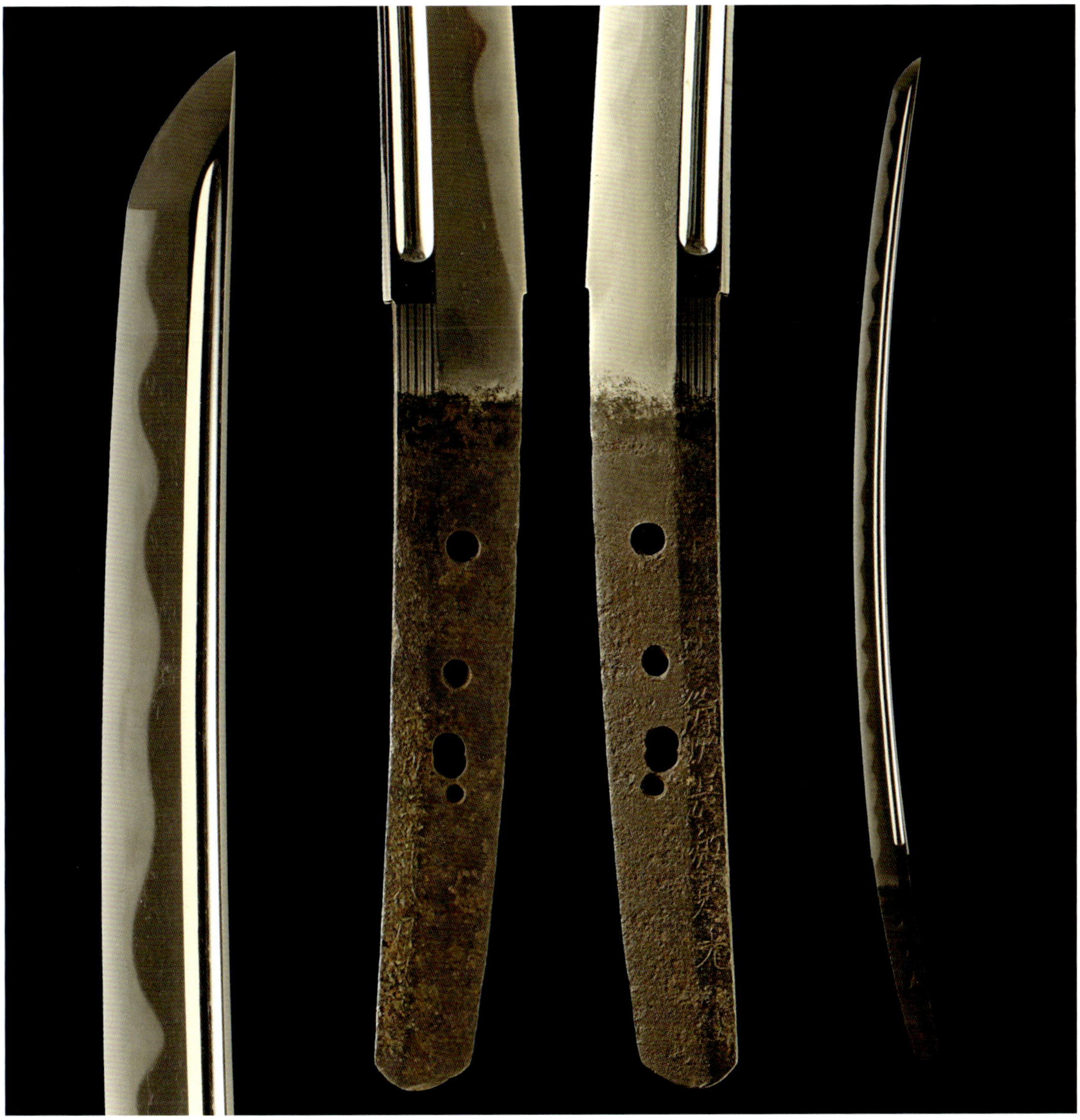

39
刀　銘　備州長船則光／文明三年八月日
1口　室町時代　文明3年（1471）　木曽町教育委員会

長船則光は、備前長船《おさふね》（岡山県瀬戸内市）で鎌倉時代から続く一派の6代目で、応仁から文明年間（15世紀後半）にかけて活躍した。

本作は、目釘孔が4個もあることからもわかるように、擦《す》り上げられている。また茎は、両手で握ることができないほど短く、刃長も2尺程度しかないなど、「片手打ち」に適した戦国時代特有の姿をしている。反りも、高すぎず浅すぎず、戦場における至近戦を意識した造り込みである。また、刃紋に沿って淡く映りが立つなど、備前刀の特徴もよく示しており、木曽代官福島関守・山村氏の腰者にふさわしい刀といえよう。

木曽の寺院

※本展の出品資料所蔵者

木祖村・田ノ上観音堂

木祖村・極楽寺

木曽町福島・興禅寺

木曽町三岳・大泉寺

大桑村・池口寺

大桑村・定勝寺

第Ⅲ章　木曽の近世と信仰

江戸時代になると、中山道は幹線道路として栄えます。木曽には11の宿場が設けられ、その様子は錦絵からもうかがい知ることができます。保存や復元が進んだ宿場や関所に直接訪れることでも、当時の雰囲気を感じることができるでしょう。

また、この時代の信仰と関連して、現在まで残る円空仏、高遠の石工・守屋《もりや》貞治《さだし》の石仏、修験者の遺品と思われる出土品を紹介します。

コラム

近世の木曽

1　統一政権と木曽

豊臣秀吉は、天正18年（1590）、北条氏を滅ぼし天下統一をなし遂げると、徳川家康を関東に移封した。家康配下の信濃の武将の多くもこれに従い、木曽義昌は下総国網戸《あじど》（千葉県旭市）に1万石を得て、木曽を去った。

　かわって秀吉は、犬山城代石川光吉に木曽代官兼務を命じた。木曽の豊富な森林資源を掌握するため直轄支配（蔵入地化）をめざしたのだった。犬山城は木曽川が濃尾平野に注ぐ要《かなめ》の場所に位置する。木曽の山林と、伐採した材木を搬送する木曽川ルートを一元的に掌握しようとしたのだった。光吉は木曽を5郡にわけ、木曽氏の旧臣を代官に任じて支配したといわれている。いったんは義昌に従って下総に移った木曽氏腹心の山村道祐《どうゆう》（良侯《たかとき》）は、義昌の子義利が改易され木曽家が断絶すると木曽に戻り、光吉のもとで福島等の代官を勤めた。

　慶長5年（1600）、西軍方についた光吉は関ヶ原に向かう徳川秀忠軍を木曽で迎え撃とうとしたが、山村良侯ら木曽氏旧臣（「木曽衆」）は徳川方に与《くみ》し光吉を敗走させた。家康はこの功に報い、良侯を木曽代官に任じ、代官手当として5700石、白木《しらき》（素木）5千駄を与えた。また、木曽の住民に白木6千駄の採取許可を認めた。木曽は幕府の直轄地となり、山村氏は福島関守護も勤め、幕臣としての地位を確立した。

　元和元年（1615）、「大坂夏の陣」に勝利し、戦国の世に終止符を打った家康は、帰路名古屋に立ち寄り、尾張藩主で家康の9男義直に木曽を与えた。これにより木曽は尾張藩領となったが、義直は現地支配を引きつづき山村氏に命じ、山村氏は尾張藩家臣として、世襲して明治維新を迎える。豊富な森林資源の維持・伐採、運搬・利用などは熟練の技術を必要とする。木曽は治め難い地域であった。長年培ってきた木曽支配のノウハウを持つ山村氏が重用されたゆえんである。

　同時に、山村氏は幕府管轄の福島関守護の任務も継続したから、幕臣でありつ

福島関所

山村代官屋敷

つ尾張家臣でもあるという二面的な性格をもった。幕府からは旗本の一種である交代寄合《よりあい》（1万石格）を許され、尾張藩からは大寄合として重用された。江戸と名古屋に屋敷を与えられ、福島に代官屋敷を設け木曽33ヶ村を支配した。

2　山

秀吉は、いわゆる「太閤検地」により、全国の土地の種別、面積、等級を決定、これを米の生産高に換算し、武士の俸禄《ほうろく》や年貢徴収の基準とする石高《こくだか》制を採用したが、木曽では近世初期に本格的な検地が行われたという確かな記録はない。ただ、年貢米は課せられており、1700石ほどが村々に割り振られた。

耕地が少ない木曽では、年貢納入に工夫があった。住民はあらかじめ米や大豆、蕎麦、稗などで年貢米を藩に納入するが、その後、「木年貢《きねんぐ》」として檜の榑木《くれき》27万丁、土居《どい》4400駄ほどを納入すると、先に納めた年貢米はその見返りとして住民たちに戻される仕組みだった（「下用《げよう》米」）。結果的には、住民は木年貢のみを負担すればよかった。

米年貢や木年貢、あるいは宿場維持のための諸役を負担する住民には白木を採取する権利が認められた。木曽全体で6千駄が住民の取り分であり、「御免白木」と呼ばれた。住民はこれを膳や重箱、下駄、屋根板などに加工し販売することで生活の糧を得ることができた。木工業や漆器業が発達する要因である。木曽の人々の生活は山に支えられ、育まれていた。

住民と山の関係に根本的な変更を加えたのは尾張藩による木曽材木役所の設置と検地の実施だった。

尾張藩は初め、木曽山の支配を山村氏にほぼ完全に委ねたが、乱伐による山林の荒廃が激しいことを理由に、寛文4年（1664）上松に木曽材木役所を設置、材木奉行を派遣、林野行政の権利のほとんどを山村氏から引き上げ藩直属に移した。

住民の自由な利用が認められていた山林についても、これを巣山《すやま》、留山《とめやま》、明山《あけやま》に分類し、巣山、留山を禁伐採地として住民の立ち入りを禁じた。また、立ち入り自由とした明山でも檜、椹《サワラ》、アスヒ、高野槇、ネズコ、欅《ケヤキ》の六木は停止木として伐採を禁止した。山村氏と住民の山林に対する権利は大幅に制限されることに

↑土居　↑榑木　南木曽町博物館

なったのである。山林の自由利用を求める住民の要望は強く、このことが明治政府がもくろんだ「国有林化」政策への強い反対運動につながっていく。

享保9年（1724）、尾張藩は木曽で初めて本格的な検地を実施、木年貢制度を廃止し、年貢米のみの税制とした。山間地としての特例措置がなくなり、住民は平地の百姓と同じ扱いを受けることになった。この検地により住民の税負担は1・5倍から4倍近くに増えた（『南木曽町誌』）。

「御免白木」6千駄も、半分の3千駄分を2百両相当とみなし、藩は現金を住民に下《か》賜《し》することとした。これは3千駄分を加工して販売することに比べ住民にとっては収入減となった。

木年貢と「御免白木」の実物支給復活の要求は、ついに認められなかった。

3　街道

「木曽路はすべて山の中である。（中略）一筋の街道はこの深い森林地帯を貫いていた。」

『夜明け前』冒頭のこの一文が象徴するように、「一筋の街道」、すなわち中山道、狭義の意味での木曽路なくして木曽の人々の生活は成り立ち得なかった。慶長7年（1602）、家康は全国の主な街道の整備を命じたが、このときすでに木曽11宿は設置されていたようである。早くから武田氏がこの道を支配下にいれたことにもよるが、それだけ木曽は東西交通の要衝であった。

本陣、問屋、あるいは街道沿いに設置された諸施設は、当初は大名の通行や幕府の公用の通行に資するものであったが、近世後期、庶民の間に寺社参詣や物見遊山の旅が広がるにつれ、「奈良井千軒」と称されるように、木曽の各宿は、旅人をターゲットにした旅籠《はたご》、木賃宿《きちんやど》、茶屋、木製品加工者、土産屋などで賑わいをみせた。十返舎一九は「駅々の繁昌、とめ女の化粧かたちも優に艶しく、往来の旅人も、東海道に替わることなし」（『続膝栗毛《ひざくりげ》』）と記している。文化2年（1805）には人気作家秋里籬島《あきさとりとう》を登用し、今日いうところの観光ガイドブックにあたる『木曽路名所図会《きそじめいしょずえ》』が刊行されている。

とはいえ、木曽路は幕府道中奉行の直轄支配地であり、宿場の住民には公用の人馬の継ぎ立てのために伝馬役《てんまやく》として人25人、馬25疋の常置義務が課せられた。また、無償での宿提供も命令があれば拒否できなかった。幕末の和宮下向《かずのみやげこう》など、臨時の大規模な通行にあたっては周辺住民にも動員（助郷《すけごう》）がかけられたから、住民にとって街道は恩恵をもたらすものとばかりは言えなかった。

また、木曽路は、福島関所や贄川番所での女改め《おんなあらため》など、通行人の監視が厳しかったから、女性を中心に敬遠される傾向にあり、馬籠から大平峠を越えて飯田に出、伊那街道を北上するルートが次第に普及するようになった。

（学芸部長　青木隆幸）

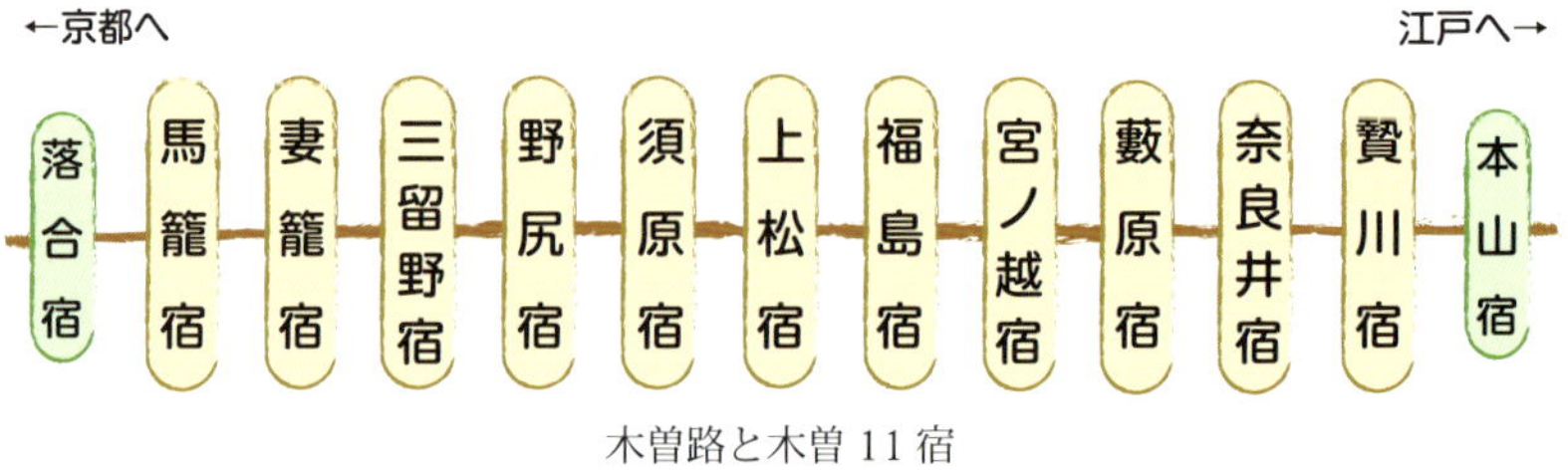

木曽路と木曽11宿

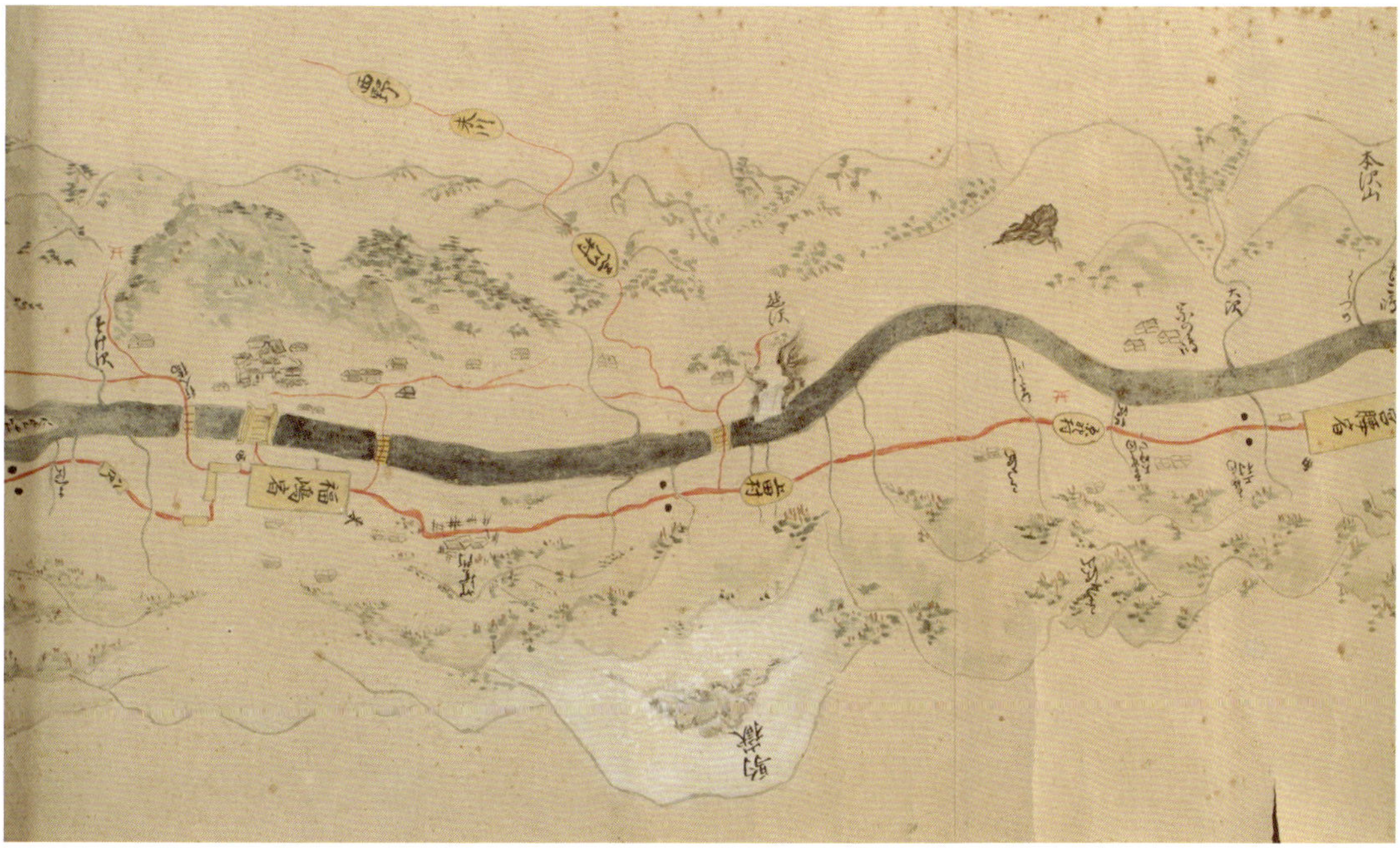

44　木曽谷《きそだに》中《じゅう》山川《やまかわ》之《の》図《ず》

1巻　江戸時代中期　個人

中山道、脇街道、宿場、近隣の集落名や主な神社寺院が描かれている。街道筋の山や谷の名称も記入されており、綿密に調べて描かれたことがわかる。という記号は一里塚であり、その位置を確認できる貴重な史料である。

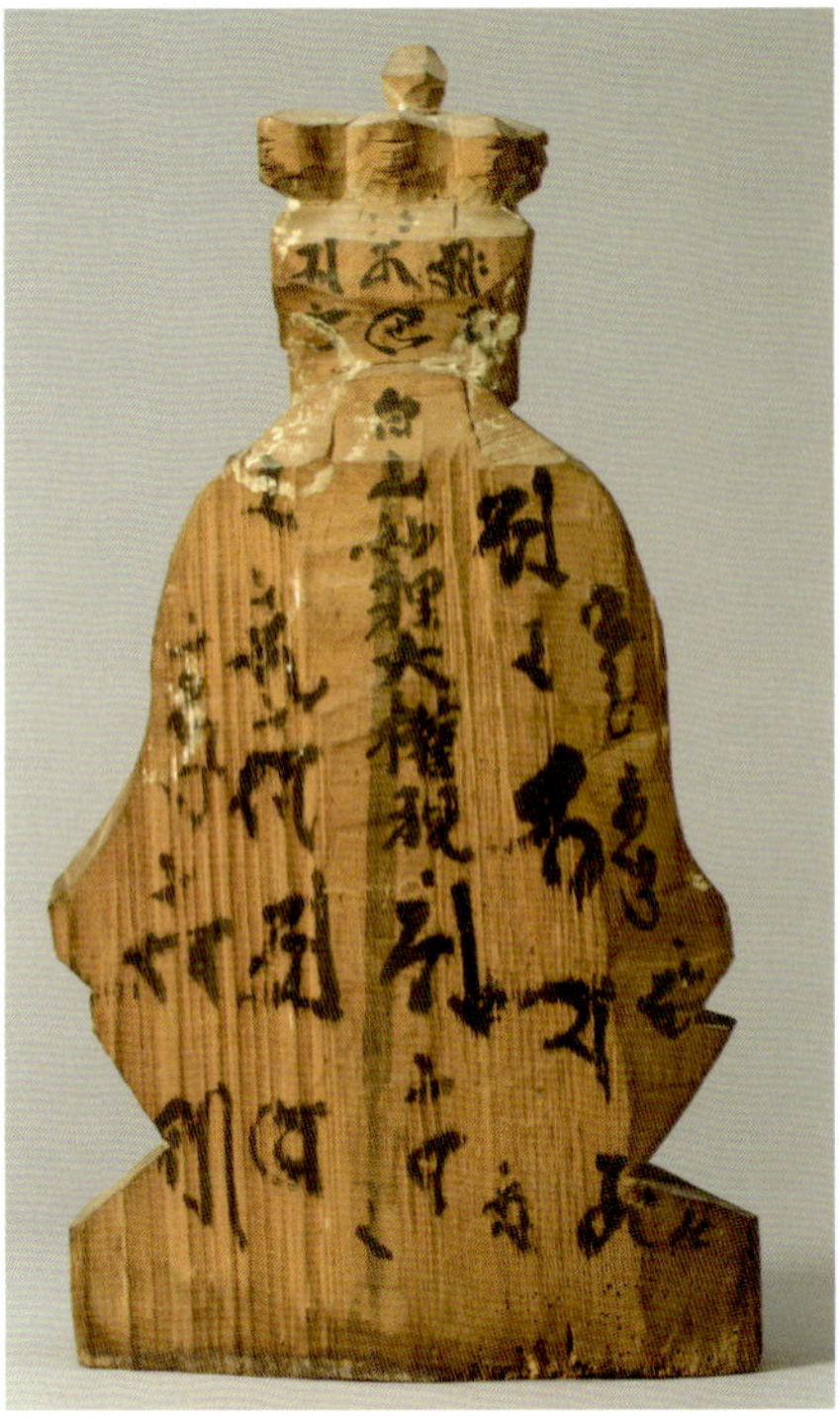

背面

底部（写真の上が前面）

48

円空　十一面観音坐像

1軀　江戸時代（17世紀）　楯守神社

48歳の時に白山の神より託宣を受けたという円空は、白山信仰の本地としての十一面観音を終生深く信仰していた。

本作は、蓮華座に座り左手に水瓶《すいびょう》を持ち、右手は膝上に乗せ掌を外側に見せ与願印《よがんいん》を結ぶ。そして、ふくよかな顔には穏やかな微笑をたたえている。円熟期の作風を伝える優品といえよう。

背面には、「白山妙理大権現」の墨書の他に、多数の梵字が書かれている。後頭部の三文字「キリーク」「キャ」「サ」は、それぞれ白山三所権現の本地《ほんじ》である「阿弥陀如来」「十一面観音菩薩」「聖《しょう》観音菩薩」の種字《しゅじ》である。また、胴部には、（胎蔵界）大日如来の3種の真言の他、「ベイシラマンダヤ」「ウーン」「シリー」など明王・護法神の種字が確認でき、円空独自の神仏習合思想がうかがえる。

背面

参考5

円空　聖観音菩薩立像

1軀　江戸時代（17世紀）　個人

参考6

円空　韋駄天《いだてん》立像

1軀　江戸時代（17世紀）　大泉寺

コラム

木曽の円空仏

一木造りによる荒削りな造形と、独特の微笑の「円空仏」で知られる円空は、江戸時代初期に活躍した修験僧・仏師である。北海道から関西まで、全国各地を遊行しながら造顕をおこない、夥しい数の仏像・神像が残された。その数は、10万以上とも12万ともいわれており、現在では約５０００軀余が確認されている。

円空は、寛永９年（１６３２）美濃国に生まれた。生地の詳細については諸説あり、未だ決着を見ない。幼くして出家し、32歳の時に仏像の制作を開始した。その後、東北地方から北海道を巡錫し、延宝７年（１６７９）白山神から神託を受けた。その後も、白山や伊吹山で修行をおこなうなど各地を旅して造顕を続け、元禄８年（１６９５）、64歳で現在の関市において入寂した。

南木曽町・等覚寺に残された棟札の墨書によると、円空は貞享３年（１６８６）６月から８月にかけて当地に滞在したことが確実視されている。このような経緯を反映してか、現在木曽地域には18軀の円空仏が確認されている（内２軀は移入）が、なかでも南木曽町には最も多い14軀が伝えられている（註）。

1	聖観音菩薩像	旧山口村・永昌寺	
2	聖観音菩薩像	個人	＊参考５
3	十一面観音像	南木曽町・楯守神社	＊№48
4	聖観音像	南木曽町・川向区	＊参考４
5	天神像	南木曽町・等覚寺	
6～14	弁財天・十五童子像（童子のうち８軀現存）	南木曽町・等覚寺	
15	韋駄天像	南木曽町・等覚寺	
16	阿弥陀如来像	個人	
17	韋駄天像	木曽町三岳・大泉寺	＊参考６
18	菩薩像	木曽町三岳・開山堂	

作風の上からも、また（幾つかの作品に見られる）背面に書かれた梵字の特徴からも、上記作品はおおむね貞享から元禄初期、すなわち仏師としての円熟期の様式と合致しており、移入仏以外は貞享３年前後の制作と考えてよいだろう。

ちなみに、今回出品の《十一面観音坐像》は、南木曽町沼田の楯守神社に安置されてきたが、その背後の伊勢山には、行基菩薩が修行をしたと言われる岩戸の窟がある。円空もまた、木曽を訪れた際にこの岩窟に籠り造顕にはげんだのかも知れない。

（学芸員　林　誠）

（註）長野県全体としては、平成27年現在、23軀が所在している（小島梯次）『円空と木喰　微笑みの仏たち』２０１５）。

参考４　円空　聖観音菩薩立像と厨子

１軀　江戸時代(17世紀)

川向区（南木曽町博物館保管）

49　守屋貞治　地蔵菩薩坐像（乙若《おとわか》地蔵）

1軀　江戸時代（18～19世紀）　大泉寺

高遠石工の名匠・守屋貞治（もりや さだじ、1765～1832）の作に比定されている。貞治は木曽谷にも作品を残しており、晩年の天保2年（1831）に記した『石仏菩薩細工』には、計9軀が記録されている。

左膝を立てて蓮華座上に結坐し、右手に錫杖を執り、左手は掌を上にして宝珠を持つ。反花《かえりばな》台と框《かまち》部を別材とする他は、光背・錫杖を含め一材から彫出される。長年にわたり屋内に安置され、風雨にさらされることがなかったため、保存状態は頗《すこぶ》る良好である。

ちなみに、「乙若地蔵」の別名を持つ本像は、元は三尾《みお》地区にあり後に大泉寺に移されたとの伝承がある。乙若は三尾村生まれの少年で、生まれたときから1つの目に2の瞳を持ち、あまりにも頭がよすぎたため人々に恐れられ、僅か7歳で非業の最期を遂げたという。

木祖村五月日の山伏塚

山裾の平地に13基の塚状の土盛が発見された。方形3段の石組の塚（7号塚）からは錫杖、法螺《ほら》貝、寛永通宝、煙管などが発見された。円形の木棺に納められた人骨も発見されており、遺物の内容から修験者の墓の可能性が高い。他の塚も同様に墓と考えられ、江戸時代の修験者の集団墓地と考えられる。

45　山伏塚出土　錫杖《しゃくじょう》
1柄　江戸時代　木祖村教育委員会

46　山伏塚出土　煙管《きせる》
2管　江戸時代　木祖村教育委員会

表

裏

47

棟札

1枚　江戸時代　慶長17年（1612）以降　水無神社

木曽町の水無神社に残る、棟札材を利用した習書。表に「水無御宮立申時　波多伴（たはこ）口はやり申刻　さり者此分」の墨書とたばこの葉が描かれる。裏面には「たばこ」「きせる也」の墨書とたばこの葉と煙管《きせる》の絵が描かれる。年代についての手がかりは、表面に記された「慶長十七年」「子之四月廿□日」の年紀である。この書体と本文を比べると、字配りなどから本文とは異筆と判断できるから、本資料は慶長17年以降の江戸時代前期の習書（落書き）と推定できる。16世紀半ばの南蛮貿易により招来された喫煙文化が近世前期には木曽地方にも広がっていたことを物語る資料として貴重である。

木曽海（街）道六十九次

日本橋から草津に至る中山道は、江戸時代の五街道のひとつで、途中木曽路を通ることから「木曽街道」とも呼ばれた。風光明媚な地形に恵まれているため、沿道を見物しながら旅行する人も多く、画題や紀行文のモチーフにもなってきた。中でも有名なのが、19世紀前期・天保年間に刊行された渓斎《けいさい》英泉（1790〜1848）・歌川広重（1797〜1858）による木版画集『木曽海（街）道六十九次』である。全70枚の連作大判錦絵で、そこには（海沿いの東海道とは対照的な）山国独特の自然や、宿場の賑わい、各地の人々の暮らしぶり、さらにはその土地独特の土産物までもが生き生きと描かれている。

51　渓斎英泉《岐阻街道奈良井宿・名産店之図》
江戸時代（19 世紀）　木曽路美術館／長野県立歴史館
＊掲載写真は木曽路美術館本

描かれているのは、奈良井宿と鳥居《とりい》峠の途中の、「名物・お六櫛」の製造販売店。看板を掲げた店の奥では主人が櫛を挽《ひ》き、店先では旅人相手に販売する様子がみられる。硬く緻密なミネバリ材の櫛は、当時から奈良井・薮原宿の名産品だったことがわかる。

52　歌川広重《木曽海道六拾九次之内　福し満》
江戸時代（19 世紀）　木曽路美術館

福島関所は、東海道の箱根、荒井（新居）、中山道の碓氷と並ぶ、日本四大関所のひとつである。街道のほぼ中心に位置し、「入鉄砲に出女」などを厳しく取締っていた。その関所を中心に、枝ぶりの良い松の巨木を左右に配置し、関所独特の緊張した雰囲気を表現している。

53　歌川広重《木曽海道六拾九次之内　須原》
江戸時代（19 世紀）　木曽路美術館

突然の大雨に慌てふためく人々の姿を捉えた情景。広重の代表作《東海道五十三次之内 庄野》や《名所江戸百景 大はしあたけの夕立》に見られる「驟雨《しゅうう》」の表現と共通する。画面右には杉の巨木が描かれ祠《ほこら》の中に雨宿りをする虚無僧らが見える。雷雲を思わせる空のぼかしや、シルエットの人物など、技術的にも見所が多い。

54　渓斎英泉《木曽路駅野尻　伊奈川橋遠景》
江戸時代（19 世紀）　木曽路美術館

伊奈川の急流をメインに、山谷のダイナミックな風景が描かれる。画面左上には、馬頭観音を祀《まつ》る岩出観音（現存）へと続く石段が見られる。なお、右上に見える木製の橋を「木曽の桟《かけはし》」と勘違いする人もあるが、これは誤り。

55　歌川広重《木曽路之山川》

江戸時代　安政4年（1857）　木曽路美術館

降りしきる雪の夜、川沿いに浮かび上がる嶮しい山々を、対岸のやや高い位置から鳥瞰的に描く。人物は全くの点景として扱われ、ほぼ純然たる風景画といえる。画面上部の空は墨一色で摺られ、そこに白い点をちりばめ、降雪を表現する。広重61歳のときの本作には、華やかな色彩も、生き生きとした人物の描写も見られない。厳しくも美しい木曽の冬景色を、モノトーンの景観として詩情豊かに描ききっている。なお、各葉に彫られた「」は岡沢屋太平次の版元印、「巳八」「改」は、安政4年8月の改印である。

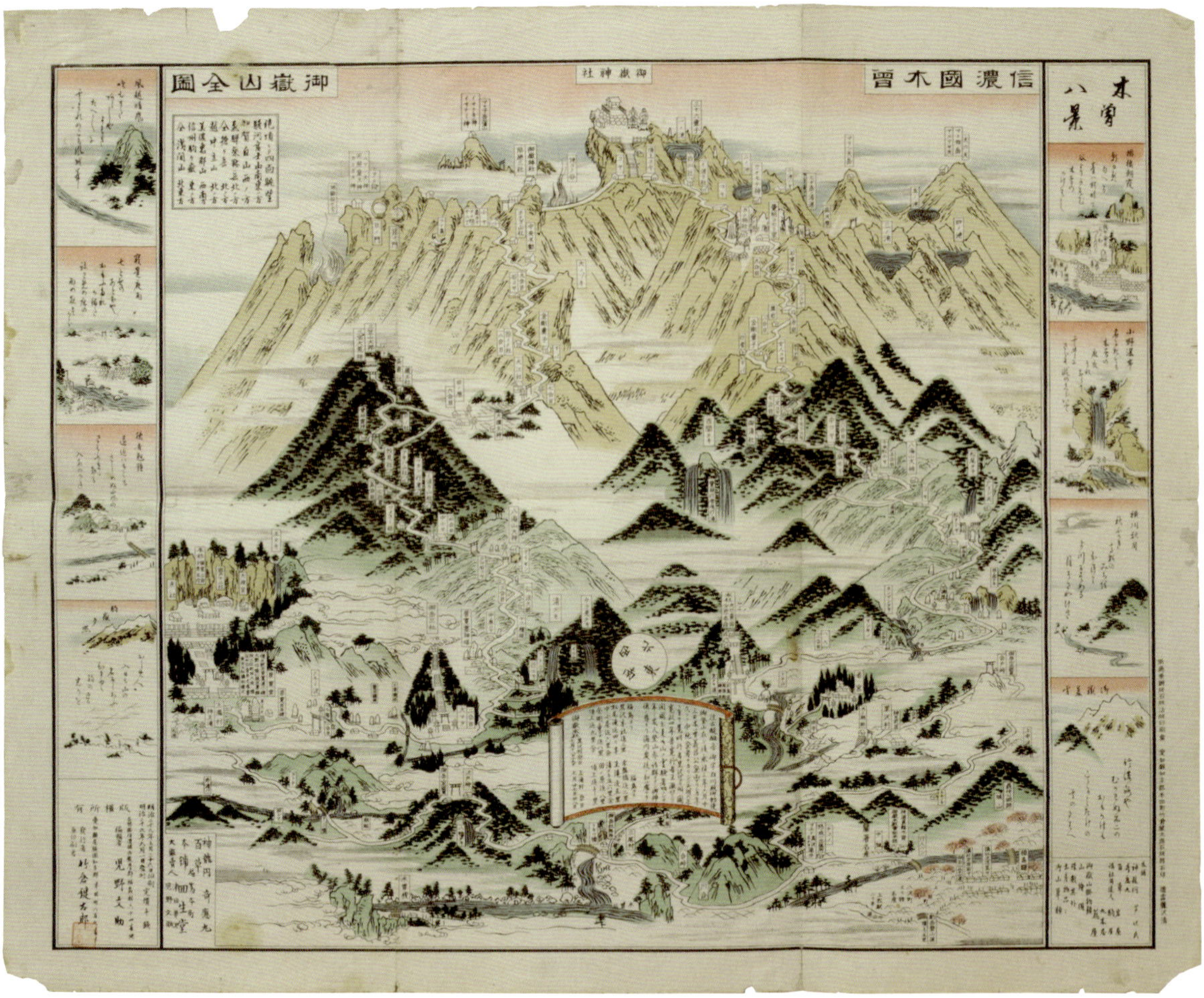

56

信濃国木曽御嶽山全図

明治26年（1893）

長野県立歴史館

西筑摩郡福島村（現木曽町福島）の児野文助が編輯《へんしゅう》し、愛知県知多郡半田村の紙商兼銅版・石版・活版印刷業の竹倉健太郎が発行した木曽御嶽山信仰に関する案内図。御岳信仰のあらゆる要素が画中に盛り込まれ、修行者の手引きとしての性格をもったと思われる。

第Ⅳ章　木曽馬

日本在来種としての特色をよく備えている木曽馬は、明治時代初めには木曽全域に1万頭以上いたとされます。第2次世界大戦後には絶滅の危機を迎えましたが、関係者の努力と熱意によって危機を脱し、現在は県天然記念物にも指定されています。

古くから木曽地域の人びとの生活とともにあった木曽馬について、生産、市、調教の様子などがわかる資料や、著名作家による彫刻作品などを展示します。

（表）

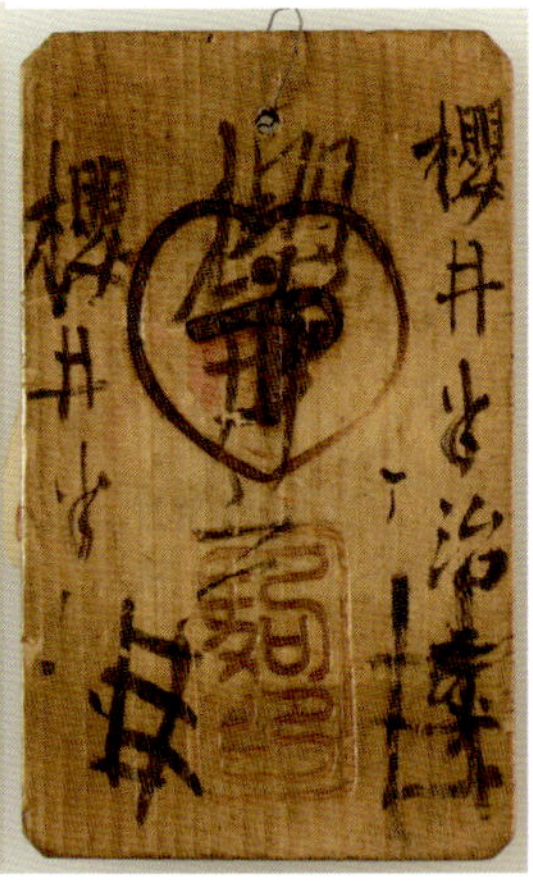

（裏）

59　鑑札《かんさつ》

1枚　江戸時代　個人

馬市に参加するための鑑札。江戸時代、木曽代官の山村氏は、木曽馬の改良増産を図り、当才駒の売買を厳重に禁止するとともに2才、3才駒の良馬を召し上げる「留馬《とめうま》制度」をとった。留馬から外れた駒は馬市で売買され、これに参加する商人は運上金を上納し、代官所が発行する鑑札を得て馬市に参加した。

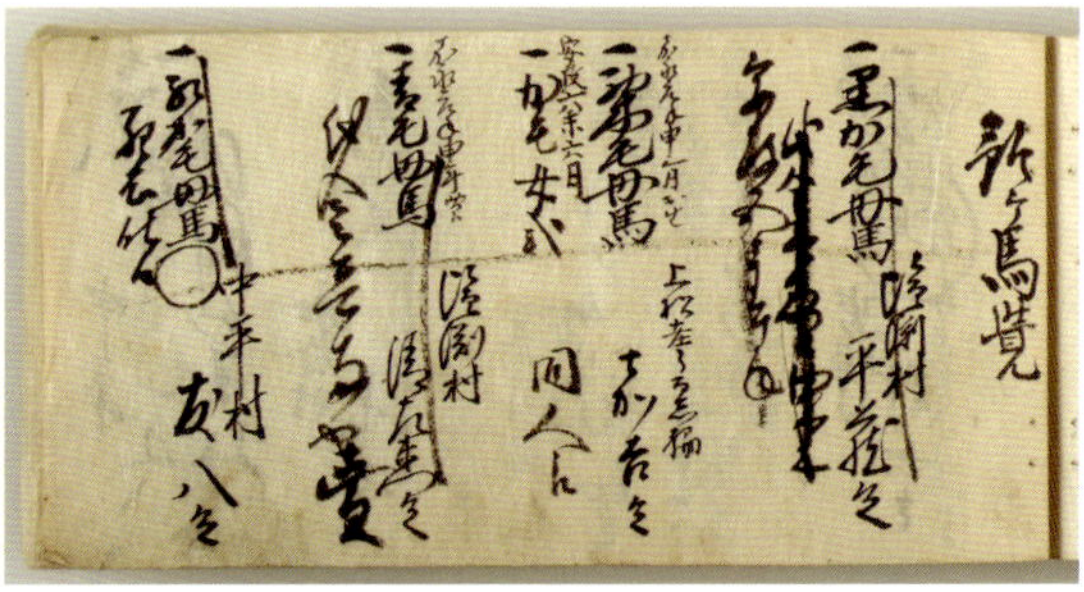

60　馬控帳《うまひかえちょう》

1冊　江戸時代　嘉永6年（1853）　個人

福島宿の馬地主による預け馬の覚帳。小作人に預けた馬や馬市で売った仔馬の売り先などが書かれており、馬小作制度を伝える貴重な史料である。馬小作とは、家畜の所有者が他人に仔馬を貸して飼育させ、その繁殖による利益を両者で配分するしくみ。売り上げの多くは地主のものとなり、小作人にとっても貴重な現金収入となった。

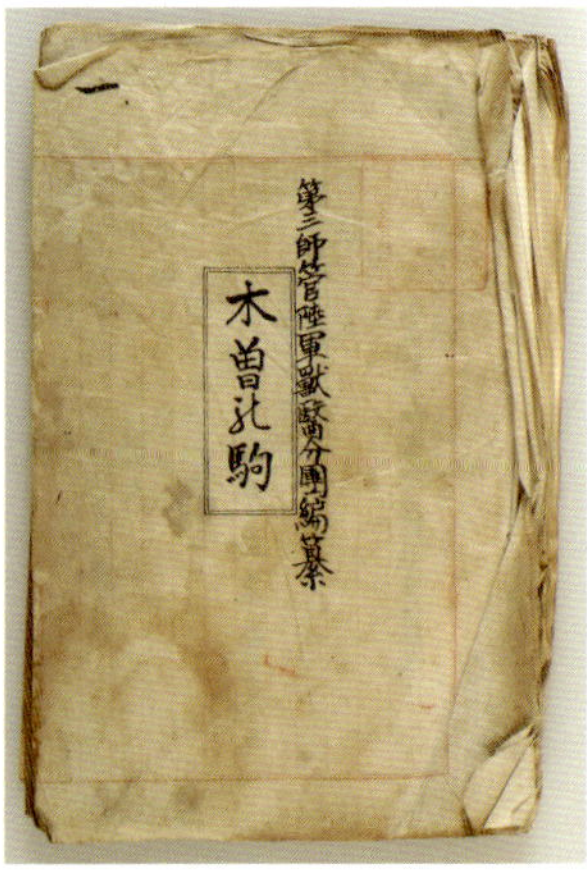

参考8　木曽の駒（第三師管陸軍獣医分団編纂）

1冊　明治44年（1911）　木曽町教育委員会

木曽馬の沿革誌。「西筑摩郡農会」の罫紙が使われている。農会とは、明治32年（1899）公布の農会法により、農事の改良・発達を図るために設立された団体である。ここでは、木曽馬の沿革や変遷を中心に、現況、分布、馬市の概況などが詳述されている。巻末には、将来は軍馬規則を変更してまでも陸軍で活用するよう提言されている。

58　黒駒繋馬図（角倉《すみのくら》与一奉納絵馬）

1面　寛文8年（1668）　王滝村・御嶽神社

江戸幕府から木曽山（三浦山）の伐木・販売の特権を与えられていた「角倉本□」、すなわち安土桃山時代の豪商・角倉了以の曾孫・角倉玄順（市之丞）が奉納した絵馬である。板材（檜ヵ）を2枚接ぎ、下地の白土を塗った上に赤・緑の顔料と墨で馬体を描き、金泥で加飾。その後「奉掛御宝前」「角倉本□」「寛文八戊申季五月吉祥日」と墨書している。制作時当初の姿を思い描くと、たいへん豪華な絵馬であったことが知られる。裏面には、「寛文八年戊申八月十二日」と、おそらくは社殿に奉納した日付を記す。

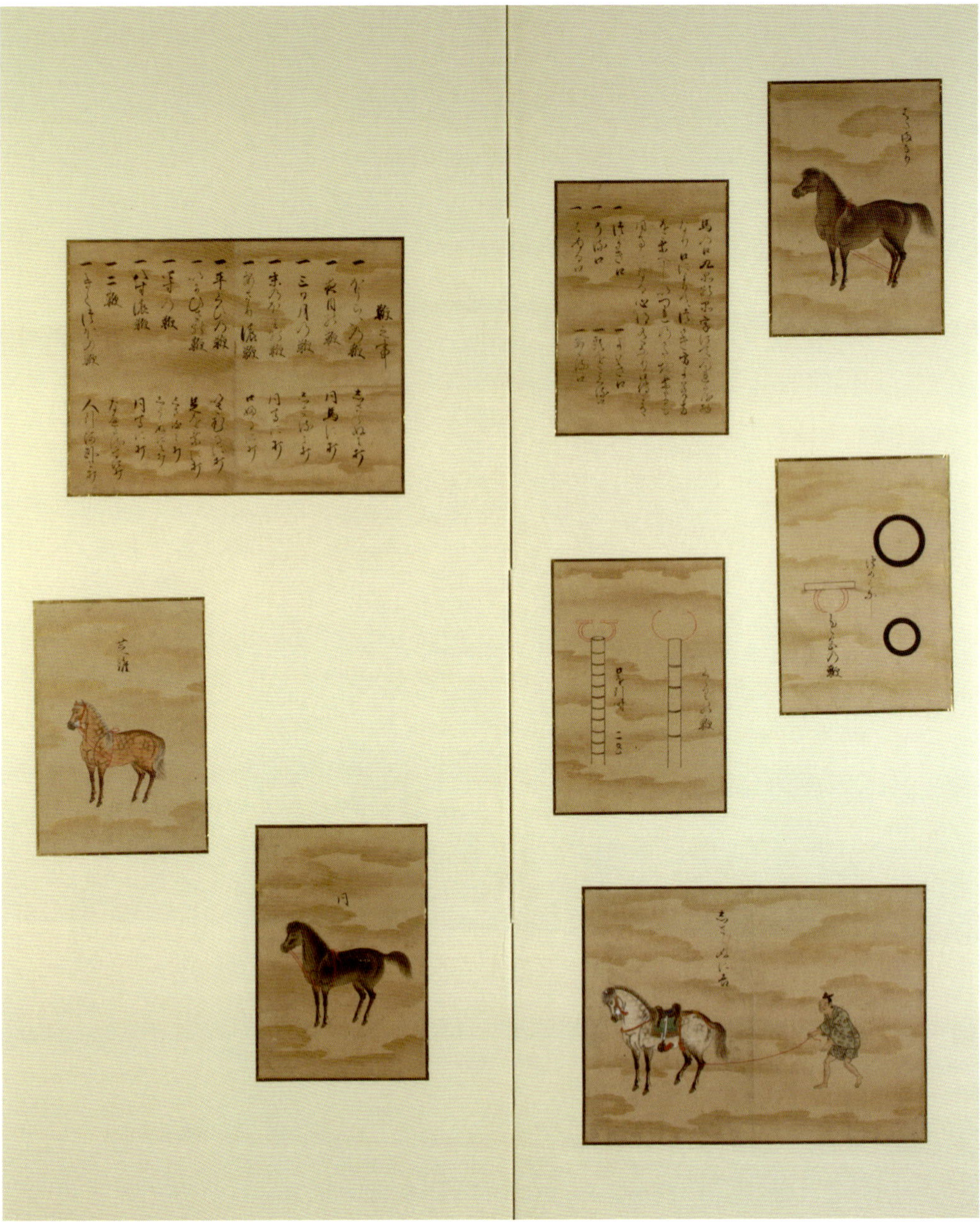

57　大坪流馬之図

1双　江戸時代（17世紀）　木曽町教育委員会

馬の気性に合わせた鞭《むち》の使い分け、手綱《たづな》の結び、轡《くつわ》の形などの口伝《くでん》を描く大坪流故実書の一部を屏風に貼り混ぜたもの。江戸時代町家に流布した故実書は小巻子であるが、この作品はもと折本で大きく異なる。大坪流は京都小笠原流より派生した馬術流派で八条・内藤とともに本邦四派のひとつ。祖大坪慶秀《よしひで》は上総の人で本姓は村上、鎌倉府で活動する武士である。屏風は数多の伝書のうちA「鞭之事」、B「鞭之数十六」、C「大坪流馬之絵図」、D「大坪式部大輔慶秀庵主馬方弟子」の4書を切貼する。Aは慶秀から村上永幸、文明9年（1477）に齊藤芳蓮、同好玄、細川左衛門佐、そして慶長13年（1608）上田重秀から同半平へ伝授したもの。Bは元和4年（1618）上田半平が山村七郎右衛門に伝授したもの。七郎右衛門は木曽代官山村良安《たかやす》で、本作品はそのため木曽へ招来されたと推察される。明治時代に屏風へ改装された。

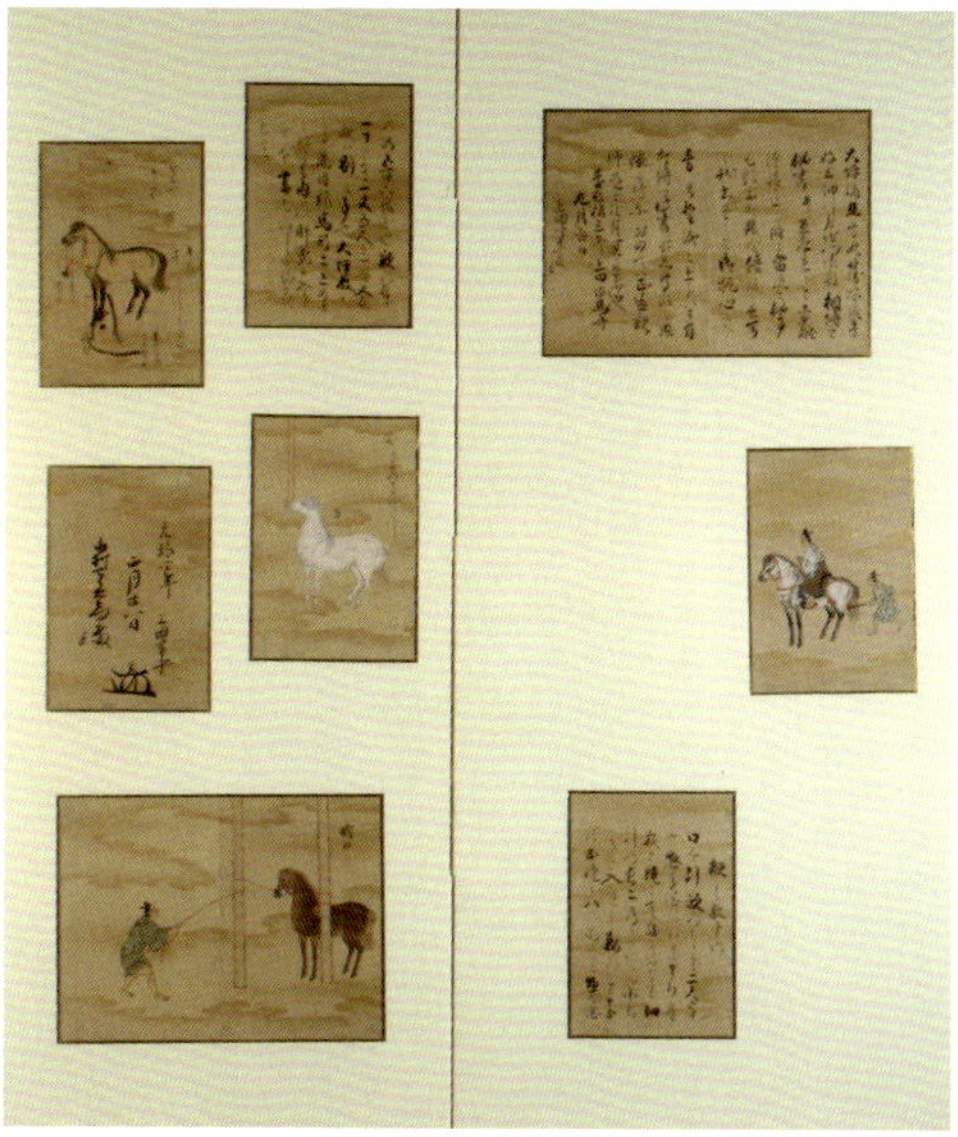

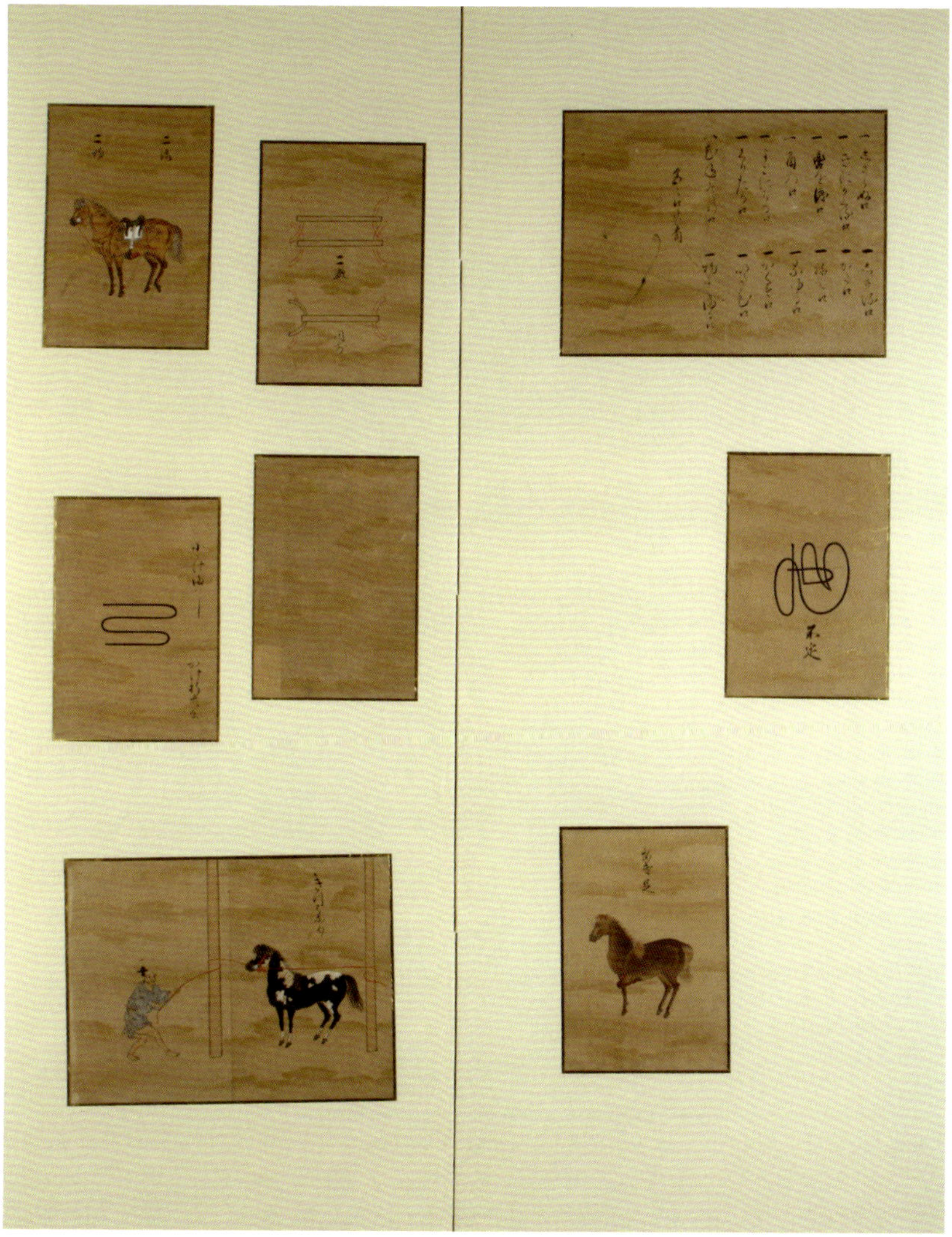

石井《いしい》鶴三《つるぞう》（１８８７～１９７３）

画家・彫刻家・版画家。東京に生まれる。父親は日本画家・石井鼎湖《ていこ》、長兄は洋画家・石井柏亭《はくてい》。小山正太郎の不同舎で洋画を学ぶ。大正２年（１９１３）東京美術学校彫刻科卒業。日本美術院を中心に彫刻家として活躍する一方、「日本創作版画協会」の創立に参画。大正13年からは上田の農民美術研究所で、木彫・版画などを指導した。

木曽との関わりは、昭和17年（１９４２）に《藤村先生像（試作）》を東京の島崎藤村邸で制作したことに始まる。その２年後、石井に師事した彫刻家・笹村草家人《そうかじん》は、鋳造前の原型を空襲から守るため、木曽福島に疎開させ、次いで油彩画等も運んだ。昭和24年（１９４９）からは約３年をかけて木曽檜《ひのき》による藤村像２体を制作し、２作目と同じポーズの塑造も残した。また、昭和26年には開田高原西野の山下家において、在来種の純系木曽馬を制作した。野外で制作された木曽馬２体は、木曽馬の歴史を語る上でも、石井の中期の代表作の一つとしても重要な位置を占めている。

これらの文化事業は、木曽教育会が大部分を主導し、地元住民も協力したことは特筆される。特に藤村像（木彫）の制作にあたっては、同会が制作過程を記録し、小さな木片にまで番号を付け、石井直筆の「刻木制作日記」とともに保管している。

63　石井鶴三　《木曽馬（一）》

昭和 26 年（1951）　木曽教育会

昭和 26 年（1951）6 月 7 日から 15 日にかけて、作者は開田村・山下家に逗留して野外で制作した。そのうち本作は、青毛の「藤島号」（牝 21 歳）をモデルに制作され、同年の秋、《木曽馬（二）》とともに第 36 回院展に出品された。（一）（二）ともに、石膏取りは千村士乃武が担当した。

64　石井鶴三　《木曽馬（二）》
昭和 26 年（1951）　木曽教育会

木曽馬（一）の完成後、石井は引き続き山下家で「神明号」（牡 12 歳）の制作に取りかかった。当初、気性が荒く容易に近づけなかったが、藤島号の制作を続けているうちに徐々に馴れてきたという。なお、2 体の木曽馬の展示に際して、作者は「二体を並べるときは相互に相手の世界を侵さないように」希望したと伝えられている。

61　千村士乃武　《親子馬》
昭和 25 年（1950）　木曽青峰高校同窓会

木曽の気候や風土を熟知し、動物をこよなく愛した千村の主要なモチーフの一つが木曽馬だった。本作は、木曽馬特有の丸みを帯びた姿の母馬と愛らしい仔馬の、乾漆による一組。戦後の純系木曽馬血統の復元事業の途上での制作である。永らく木曽高校（現・木曽青峰高校）同窓会が保管してきたが、平成 17 年（2005）、木曽路美術館での企画展覧会を機に、同館に寄託された。

千村士乃武《ちむらしのぶ》（１９１０～５７）

彫刻家。木曽町福島の旧家藪裏《やぼら》千村家に生まれる。旧制木曽中学校時代より彫刻家を志し、上京して新田藤太郎の内弟子になった。昭和６年（１９３１）東京美術学校彫刻科塑造部に入学（同級生に柳原義達、吉田芳夫ら）。翌年に帝展に初出品で初入選（木曽谷では初）し、さらに翌年も続けて入選。昭和9年東京美術学校を退学。以後彫刻家として活動し、昭和11年には第11回国展と「昭和11年文展」（鑑査展）に相次いで入選した。

昭和17年（１９４２）、家族とともに東京から木曽福島に帰郷、母校の木曽中学校の教師となった。昭和19年（１９４４）応召するが、結核を発病し療養入院、退院後再度出征し、昭和20年8月に終戦を迎えた。戦後の昭和22年からは、夫人をモデルにした裸婦像で日展に３回連続で入選した。

一方、石井鶴三の木曽での制作を支えた千村は、《藤村像》（木彫）２体の制作助手をつとめた他、《木曽馬》（一）（二）の石膏取りも担当している。昭和27年（１９５２）には焼失した法隆寺金堂の彫刻装飾の復元事業及び石膏による複製資料制作に従事したが、５年後の昭和32年に上松町の自宅で没。

62　千村士乃武　《木曽馬》
昭和25年（1950）頃　上松町教育委員会

千村は、学生時代には主として塑造を学んだが、木彫にも意欲的に取り組み、終戦直後には町の依頼で大型の木彫道標《木曽馬》など郷土色豊かな作品を制作して街中に設置している。藤村像（木彫）制作のため当地を訪れていた石井鶴三は、千村の木彫の腕を評価し助手に採用した。なお本作の所蔵者は、千村が最期まで教鞭を取った上松中学校であるが、《親子馬》と《木曽馬》の2件をいずれもゆかりの学校に寄贈したのは、千村の支援者で木曽路美術館創立者の丸山利喜次であった。

参考10　千村士乃武　《仔馬》
昭和時代（20世紀）
木曽町教育委員会

一木造りの木曽馬の小品。木曽では仔馬のことを「ボー」（雄）「ビー」（雌）と愛情を込めて呼ぶ。生まれて間もない命の輝きを千村も心躍らせて見たことだろう。作者の実弟・千村正士が初代館長をつとめた木曽福島郷土館に収蔵展示されている。

コラム

木曽馬の歴史

木曽馬は宮崎県都井岬に野生放牧されている国の天然記念物「御崎《みさき》馬」などと同じように、日本で昔から飼育されてきた「日本在来馬」といわれる馬の一種です。中型馬に属し、体高は平均１３３センチメートルです。明治時代中ごろまで、日本各地に存在した日本在来馬ですが、そのほとんどが軍馬として徴収されるなどして数を減らし、絶滅していった種が多く存在します。現在では8種が残っていますが、本州では唯一、木曽馬が残るのみです。

木曽馬の起源についてははっきりしていませんが、蒙古草原馬が2~3世紀ごろ朝鮮半島を南下して渡来し、全国に分布していった馬のひとつではないかという説が近年の研究結果から有力とされています。

木曽馬についての最古の記録として、「安閑天皇の御代（５３０年代）に神坂村湯船沢霧ヶ原に牧場が設けられ、馬が多く飼育されてた」との記述が残っており、官牧での馬の飼育が始まりだったと考えられています。その後、東山道木曽路の完成（７１３年）によって馬の改良も行われ、木曽馬の祖先になったと思われます。開発が進むにつれて馬は次第に奥地へと移動し、木曽馬の生産地が形成されていき、現在の主要産地である木曽町開田高原地域では１１００年代から飼育されていると考えられています。以来１０００年以上の長い歴史を木曽の人々の生活を支えつつ共に生きながらえてきました。

武士の繁栄とともに牧の管理も朝廷から武家に移行し、木曽馬は優れた馬として名声が高まり、各地の武将は競って名馬を求めたといわれます。また、貢馬制度により牧畜税や取引税を課し、馬籍管理が行われ、江戸時代の最後まで、領主や代官の貴重な資金源としても重宝されてたほか、武士の乗り馬や交通輸送の担い手として、日本文化の発展に貢献してきました。

明治時代に入ると山間農耕馬としての需要が増大し、価格も高騰し農家にとって貴重な現金収入になり、飼育頭数も７０００頭に達したといわれています。ところが日清戦争以降、国策として行われた軍馬改良により、小柄な木曽馬は外国

種の種雄馬の導入による大型化が推し進められ、ついに昭和18年（１９４３）を最後に木曽系種雄馬は最後の1頭までも淘汰されてしまいました。終戦間際、戦地では小さいながらも大人しく力強い木曽馬を無理に大型化せずに増産して活用してはどうかとの声もあったようですが、ほどなく終戦を迎え、軍馬としての需要は無くなっていきます。

戦後すぐに木曽馬の復元に乗り出した関係者は、戦時中改良方針に背いてまでも隠し残していた木曽系の雄馬により、木曽郡内で供用する種雄馬の多くを木曽系に更新し復元を計ります。また、昭和24年（１９４９）には現在の千曲市・武水別神社において、神馬であったため戦時中も去勢を免れた純系雄馬神明号を発見し、木曽へ種雄馬として迎え入れることができ、昭和26年（１９５１）には名馬第三春山号が誕生し木曽馬の保存事業も軌道に乗り始めました。ところが、耕運機の導入など農業の機械化が進み、昭和30年（１９５５）ごろから次第に木曽馬は実用性のない家畜として飼育者が減少し、昭和40年代になると家畜市場でも、使役馬としてではなく食肉目的の購買が増え、かつて数千頭飼育されていた木曽馬も絶滅の一途を辿りはじめます。このような事実を見るに忍び、昭和44年（１９６９）、当時開田村長であった伊藤正起氏を中心に木曽馬飼育者らが木曽馬保存会を結成し、開田村や中央競馬会等からの援助を受けながら保存活動をしてきましたが、昭和50年代には30頭ほどまでに激減してしまいました。昭和58年（１９８３）に長野県天然記念物に20頭の木曽馬が指定されて以降、徐々に飼育頭数は増え、平成7年（１９９５）には開田村に保存の中核的施設となる木曽馬の里が設けられ、平成20年（２００８）ごろには多くの愛好者などに保護育成され全国で約１６０頭飼育されるまで回復してきました。しかしながら、多くの飼育者は高齢であり、繁殖を行う飼育者も減少し、近年ではまた飼育数が減少する傾向が見られます。

現在、木曽馬は約70名の方達に飼育され保護活用されています。多くは農家等で愛玩動物として飼育されていますが、木曽馬の気性の穏やかさや背の高さ等が好まれ、子どもたちの乗馬だけでなく、野山を歩くトレッキングや古式馬術、動物介在療法のパートナーとしても見直されています。また、馬耕や馬搬などの技術継承が行われつつあり、若い年代へ木曽馬が引き継がれて新しい保存活動が生まれようとしています。

幾度の苦難を乗り越えてきて現在も約１４０頭が飼育されている木曽馬ですが、滅ぼしてしまうような事があれば必ず後世に悔いを残すことになります。幻の家畜とならないように飼育者たちは限りない愛情と情熱を注いでいく必要があります。また、多くの方に木曽馬への興味や関心を持ってもらえるような利活用やふれあいの場の提供していき、また再び木曽の谷合だけでなく全国で木曽馬の嘶き《いなな》が聞こえる環境が来る日を待ち望んでいます。

（木曽馬保存会　中川　剛）

86 ～ 88 頁の写真 4 点：木曽馬の里・乗馬センター提供

第Ⅴ章　現在に続く伝統工芸

木曽地域では、自然の恵みによる森林資源を生かした木材加工業が盛んでした。今日《こんにち》の視点からその製品づくりを見つめます。木地師《きじし》による轆轤《ろくろ》や漆器は、さらなる工夫や発展が加えられ、現在に至っています。軽量かつ精細な工芸品として親しまれているお六櫛は、木曽路みやげとして健在です。

これらの伝統工芸や開田高原の麻織物など、「木曽の宝」ともいうべき伝統や技術を後世に残そうという動きが見られます。

小椋榮一《おぐらえいいち》（1937 ～ 2010）

木曽郡南木曽町に生まれる。昭和 27 年（1952）より父・友市に師事。昭和 56 年（1981）伝統工芸士に認定される。昭和 60 年（1985）伝統工芸木竹展に初入選以来、連続入選。昭和 62 年（1987）日本伝統工芸展に初入選し、以後出品を続ける。同年長野県工芸展で工芸会長賞を受賞。平成 5 年（1993）「日本工芸会」の正会員となる。平成 6 年（1994）伝統工芸新作展に《栃造拭漆喰籠《じきろう》》を出品し奨励賞を受賞。その他個展を多数開催した。

74　小椋榮一　欅《けやき》 造《づくり》 黒柿《くろがき》象嵌《ぞうがん》盛《もり》器《き》

1 枚　興禅寺

75 小椋榮一　神代《じんだい》欅《けやき》造《づくり》拭漆《ふきうるし》盆《ぼん》

平成５年（1993）興禅寺

76　小椋榮一　黄《き》蘗《はだ》造《づくり》拭《ふき》漆《うるし》盛《もり》器《き》

平成 13 年（2001）　興禅寺

77　小椋榮一　栓《せん》造《づくり》拭《ふき》漆《うるし》盆《ぼん》

平成 17 年（2005）　興禅寺

部分

72　木曽堆朱《ついしゅ》座卓

昭和時代初期（20世紀）　塩尻市教育委員会

73　巣山榮三　木曽堆朱二段重

平成22年（2010）　木曽漆器工業協同組合

巣山榮三《すやまえいぞう》（1940～　）

木曽平沢に生まれる。昭和36年（1961）、父恒男に師事し漆工を学ぶ。昭和48年（1973）第8回全国漆器展で初受賞、以後同展で受賞を続ける。平成7年（1995）、木曽堆朱塗及び五色塗の技能により伝統工芸士（塗り部門）に認定される。

麻織物

鎌倉時代から室町時代にかけての和歌に「木曽の麻衣《あさぎぬ》」として登場する木曽の麻織物は、開田（現木曽町開田高原）が主産地である。この古歌の麻布は、原始的なままの姿で近年まで伝承され続けた。

どの家庭でも女手を中心に麻の種まきからさまざまな工程を行った。麻織物が盛んな頃には1人で10反前後を織り、自家用または商品として物と交換したり現金化したりした。明治時代前期の記録によると、西野村（現木曽町開田高原西野）では、馬、繭、生糸ともに、現金収入の中心として麻が生産されていた。

戦時中は軍需作物として栽培が奨励された麻であったが、昭和23年（1948）には大麻取締法が施行され、麻の栽培が許可制（免許制）となった。次第に生産量は激減し、現在では栽培していない。そのような中、かつての麻織物作りを復活させようと、平成20年（2008）、地域の有志が中心となり、「開田高原麻織物研究会」がつくられた。

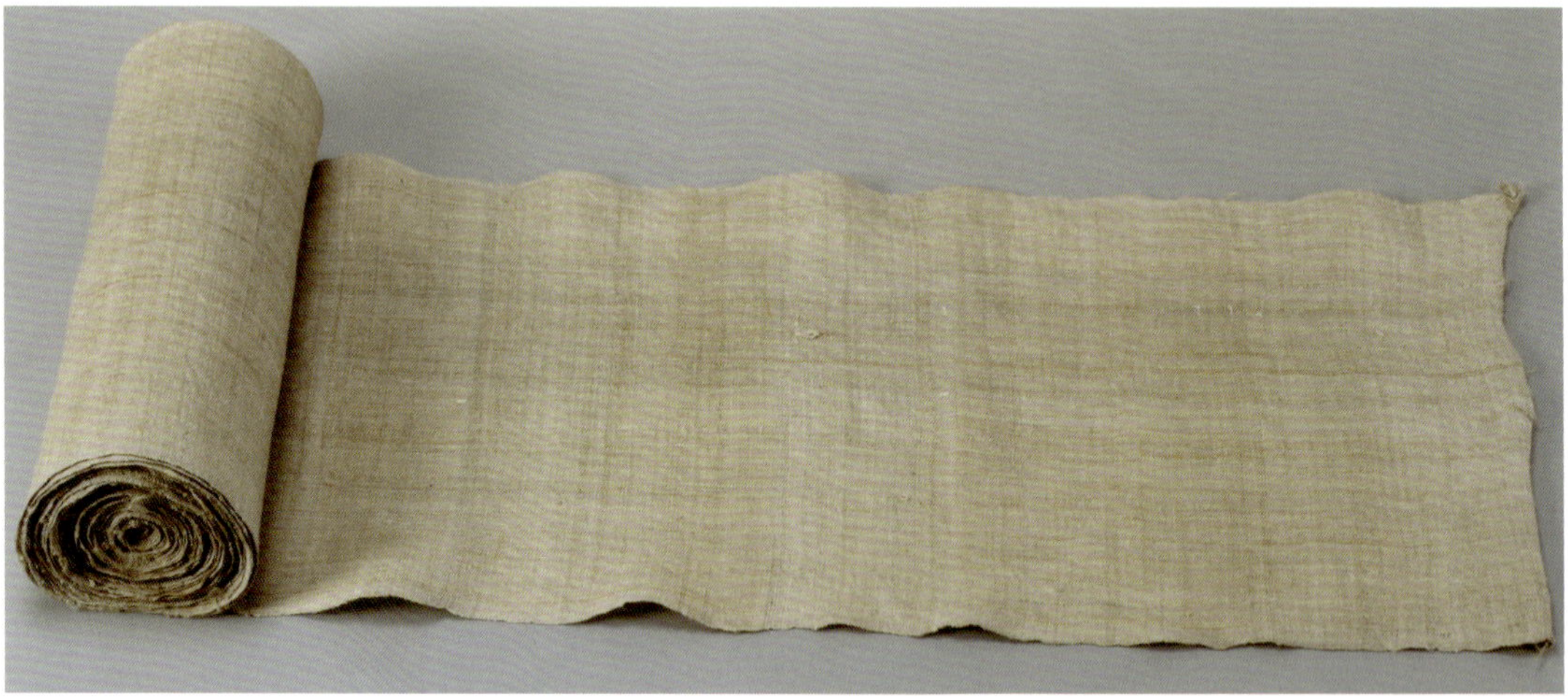

71　畑中たみ　麻布

1反　昭和時代（戦前）　個人

開田では、麻布を「のの」と呼ぶ。4月の種まきから始まり、いくつもの工程を経て、麻布ができあがる。本作は、開田産の麻を使って畑中氏が織りあげた反物として数少ない現存物である。

部分

畑中《はたなか》たみ（1898 ～ 1979）

明治31年（1898）、開田村渡合（現木曽町開田高原末川）生まれ。戦後、麻の栽培が衰退する中、最後まで伝統的な麻布を織り続けた。昭和47年（1972）には、県無形民俗文化財（人間県宝）に指定。昭和54年没。

更級の山のあらしも声すみて
木曽のあさ衣月にうつなり
順徳院（続拾遺集）

おもひたつ木曽のあさぎぬ浅くのみ
そめてやむべき袖の色かわ
兼好法師（吉野拾遺下）

現在に引き継がれる麻を撚る作業（開田高原麻織物研究会の活動より）

参考９―（1）　麻布

１反　明治～昭和時代　開田高原麻織物研究会

開田村に嫁ぐ女性が嫁入り道具として実家から持たされたもの。昭和時代前期の製作と伝えられ、開田産の麻が使われている。麻織物を作るにあたって、それぞれの女性による長年の技術は「麻布を見れば誰が織ったのかがわかる」とも言われた。

参考９―（2）

麻織物の小道具

明治～昭和時代
開田高原麻織物研究会

績《う》んだ糸をためておくヒノキの曲物である麻笥《おんけ》、糸車の輪をまわす桐の木製のダボなどの整糸用具。ほかにも機織り用具やその付属品などがある。

お六櫛

木曽地域の木櫛製造は、清内路《せいないじ》、蘭《あららぎ》、妻籠《つまご》（現南木曽町周辺）が発祥の地とされる。およそ300年前には中山道筋の薮原（現木祖村）や奈良井（現塩尻市）へと広がり、薮原では明治時代以降も隆盛を誇り、現在に至っている。

薮原のお六櫛は、用途によっていくつかの種類がある。中でも有名なのが「梳《す》き櫛」と「解《と》かし櫛」である。前者は目が非常に細かく、片歯と両歯がある。後者は、目が粗く、片歯が多い。なお、お六櫛とは当初、梳き櫛を指していたが、現在では薮原で作られる木櫛の総称といえる。硬くて粘りのあるミネバリが主材料である。

多いときには年間180万枚を出荷したお六櫛であるが、生産量とともに職人数が激減し、現在では歯挽き鋸を用いた手挽き技法を継承するのは数人のみとなっている。

昭和48年（1973）、お六櫛の技法が県無形文化財に指定され、地元ではお六櫛保存会が結成された。

65 お六櫛

1枚　江戸時代末〜明治時代
梳き櫛
木祖村教育委員会

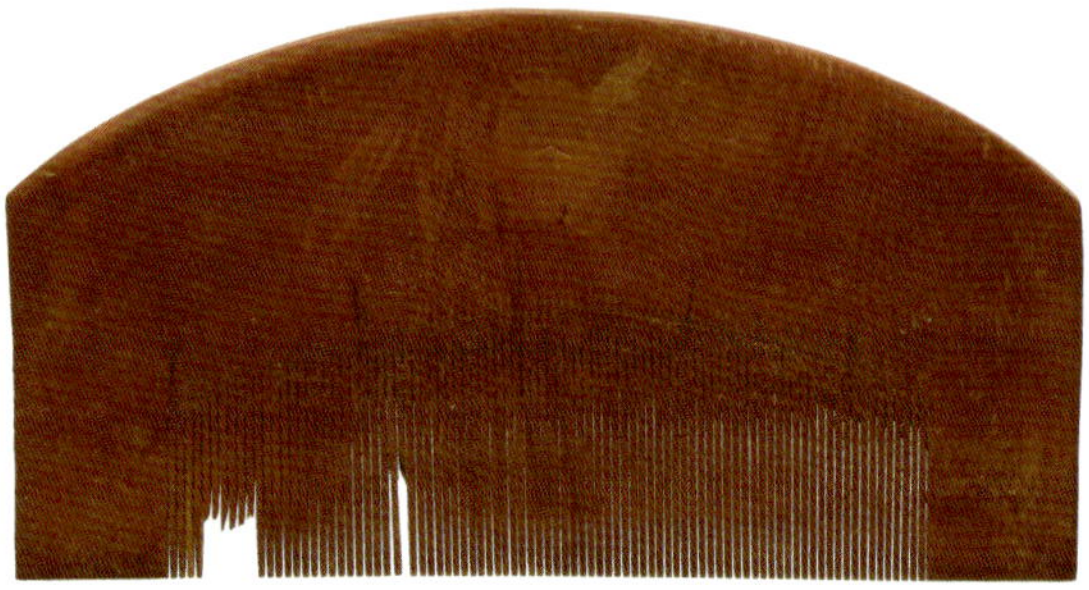

66 お六櫛

1枚　江戸時代末〜明治時代
梳き櫛
木祖村教育委員会

67 お六櫛

1枚　江戸時代末〜明治時代
解かし櫛
木祖村教育委員会

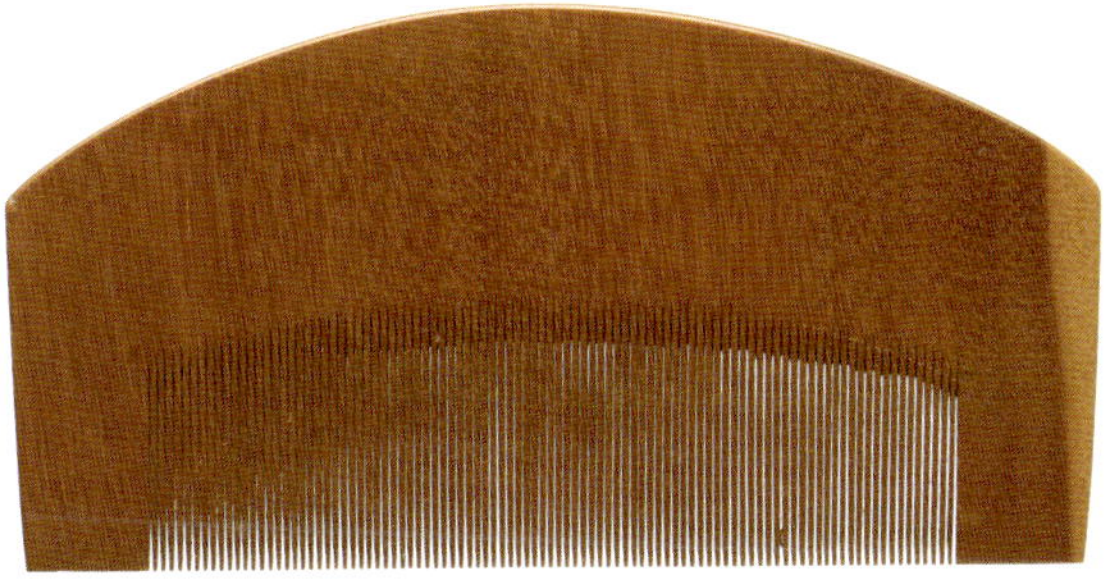

68 川口助一　お六櫛

1枚　昭和50年（1975）

梳き櫛（大深形・丸峰）

木祖村教育委員会

69 川口助一　お六櫛

1枚　昭和50年（1975）

梳き櫛（大深形・角峰）

木祖村教育委員会

70 川口助一　お六櫛

1枚　昭和50年（1975）

梳き櫛（中深形）

木祖村教育委員会

川口助一《かわぐちすけいち》（1914～2003）

大正3年生まれ。父と同じくお六櫛職人となる。手挽きにこだわり、大変目の細かい梳き櫛を作った。平成7年（1995）には、県無形文化財（人間県宝）に認定。伝統工芸を後世に残すべく古い資料（櫛）をもとに江戸時代の梳き櫛を再現したのが本作である。厚さ0.2mmほどの鋸を使い、一寸（約3cm）の間に30～35本の歯数がある。上記3作品とも100本前後の細かな歯を、寸分の狂いなく手挽きで仕上げている。

お六櫛やその製作道具・工程などが展示されている木祖村郷土館（木祖村薮原）

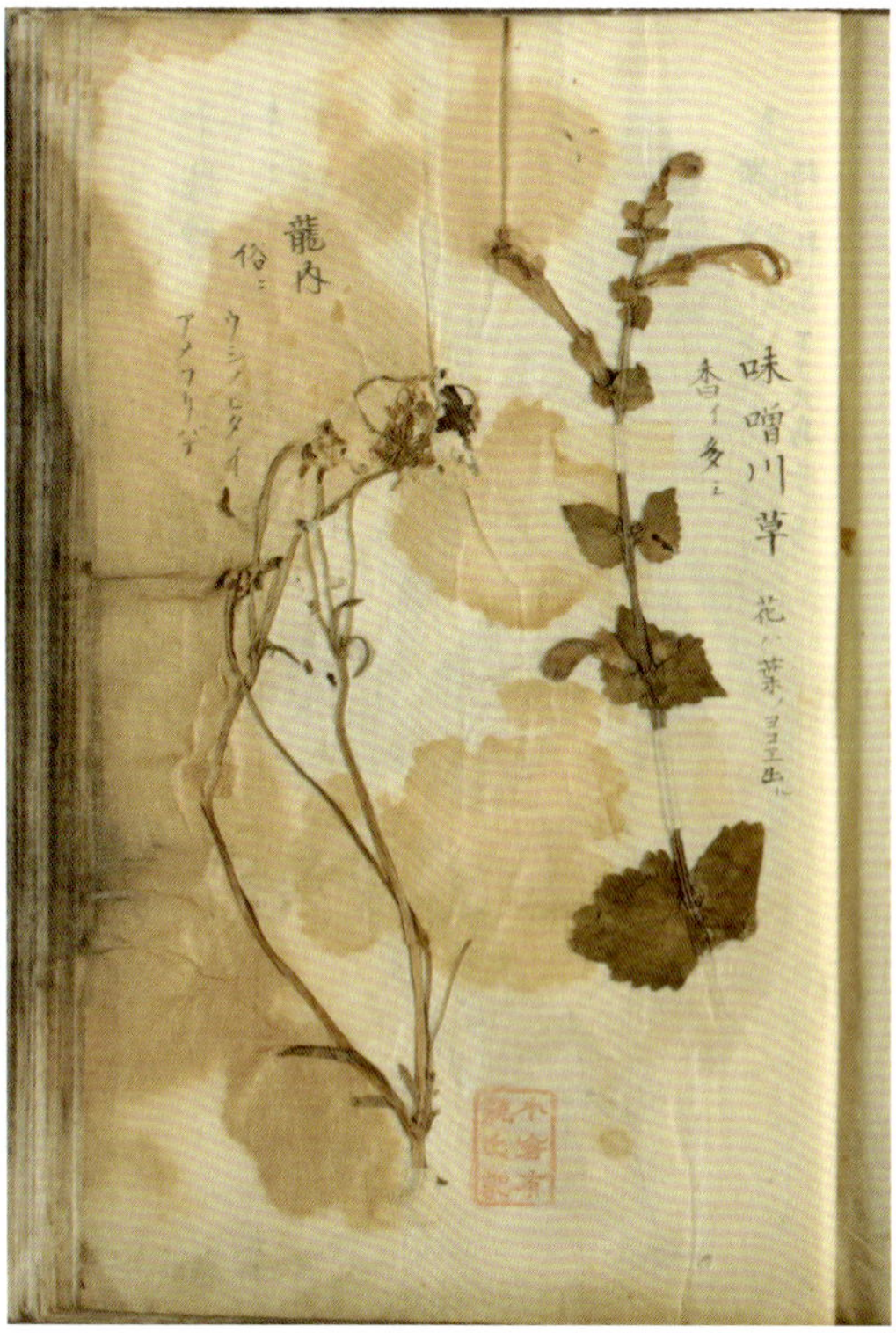

参考7

木曽産草花根皮《こんぴ》類

1冊　木曽町教育委員会

木曽代官山村家の薬園を管理していた小倉為助《いすけ》が、天保15年（1844）、木曽全域で採集した植物の押し葉帳。約50種類が収録されている。木曽では、尾張藩の影響により、本草学（植物などの薬効を調べる学問）がさかんであった。

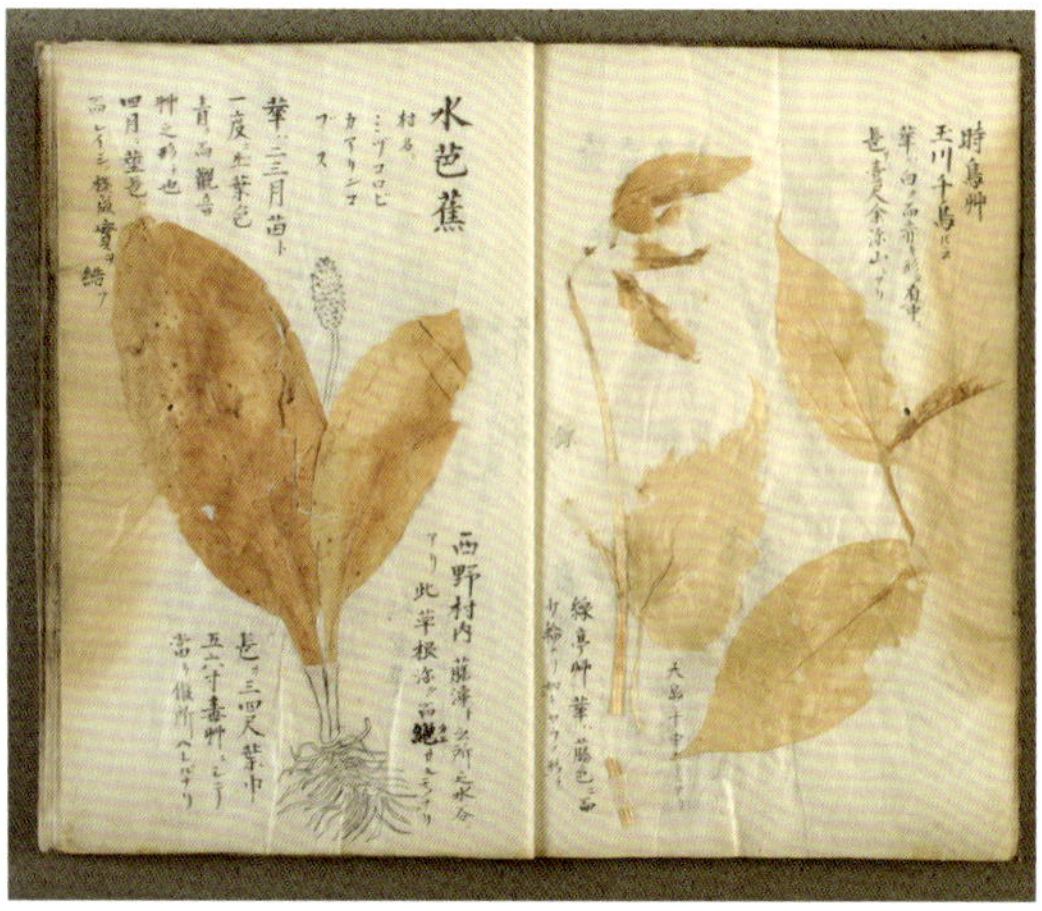

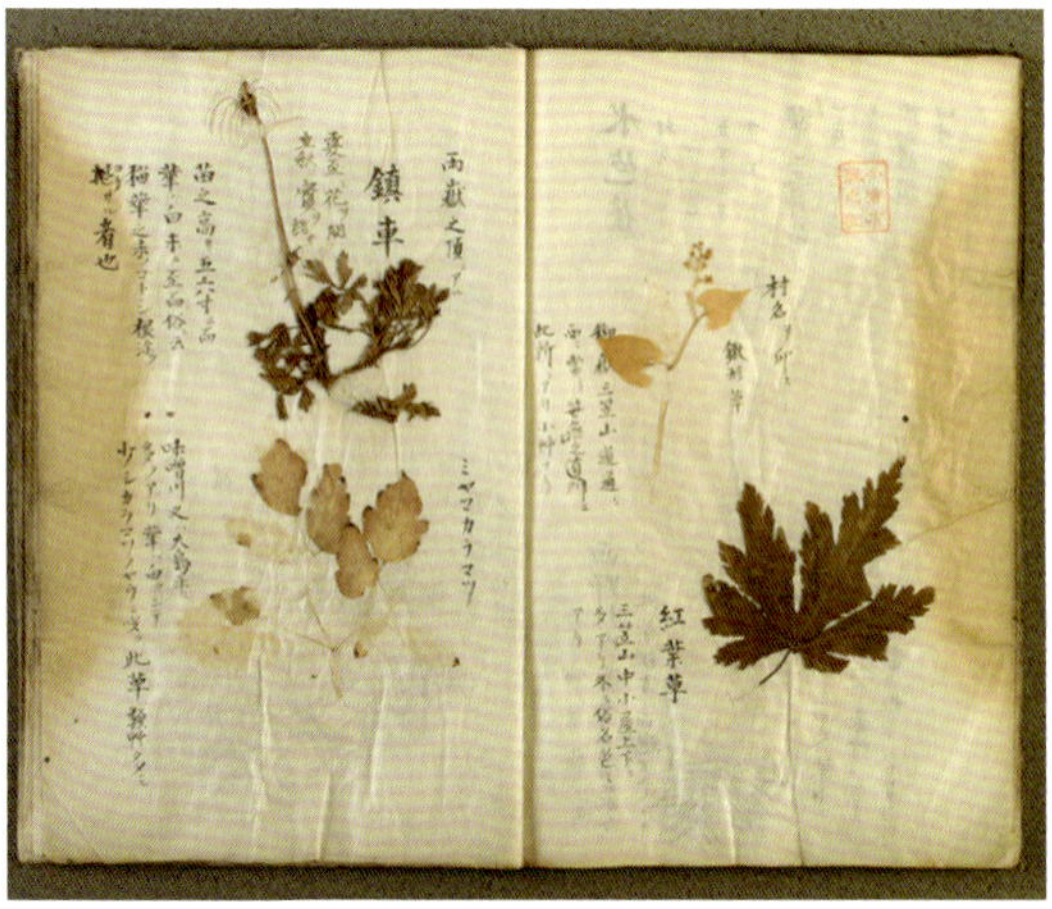

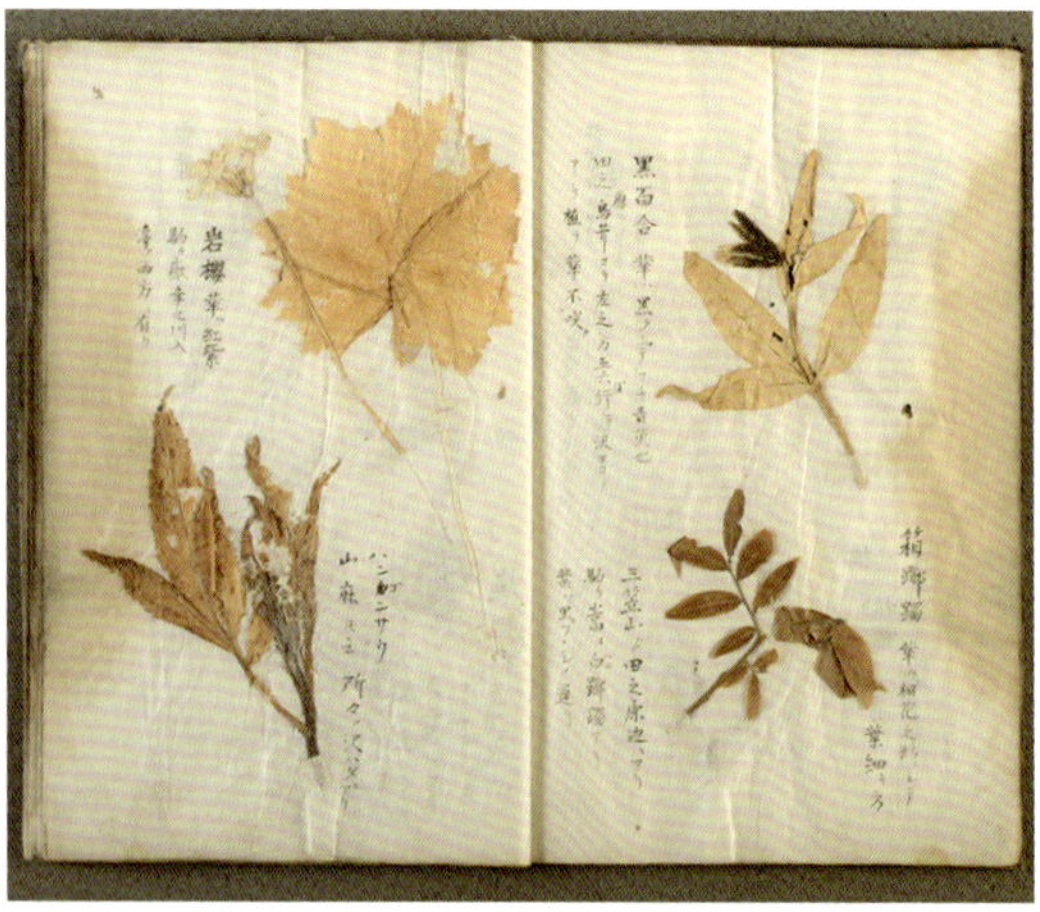

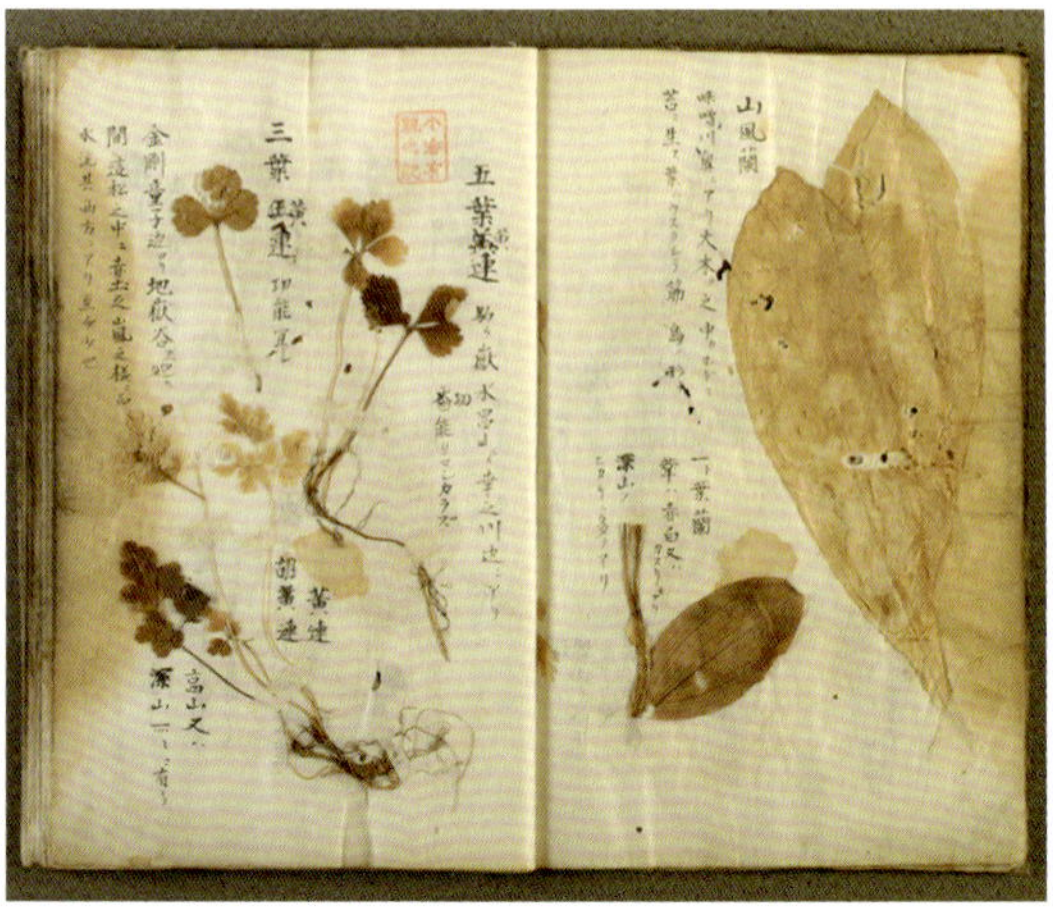

第Ⅵ章　木曽と近代芸術

木曽地域を代表する文学作家と文芸写真家を取り上げます。「木曽路はすべて山の中である」の書き出しがあまりにも有名な『夜明け前』は、文豪・島崎《しまざき》藤村《とうそん》の代表作です。そこには木曽の自然や文化が見事なまでに描写されています。

昭和40年代、写真家の沢田《さわだ》正春《まさはる》は、木曽の原風景を感じさせる写真作品群によって、木曽路ブームの火付け役となりました。両者の作品には木曽の魅力が存分に込められています。

コラム

木曽の宝

―小説『夜明け前』―

「木曽路はすべて山の中である」という有名な書き出しで始まる文豪島崎藤村の大作『夜明け前』はまさに木曽の宝です。

「木曽谷の自然描写の鮮烈な筆遣い」「四季折々の木曽路の美しさを非常に見事な散文で書いている」「馬籠をはじめとする木曽山中、その土地への愛。そういうものがなかったら作品として結晶するわけがないんです」―これらは作家・学者の方々の『夜明け前』を評することばです。これらのことばに『夜明け前』の持つ大きな魅力が端的にあらわされていると思います。

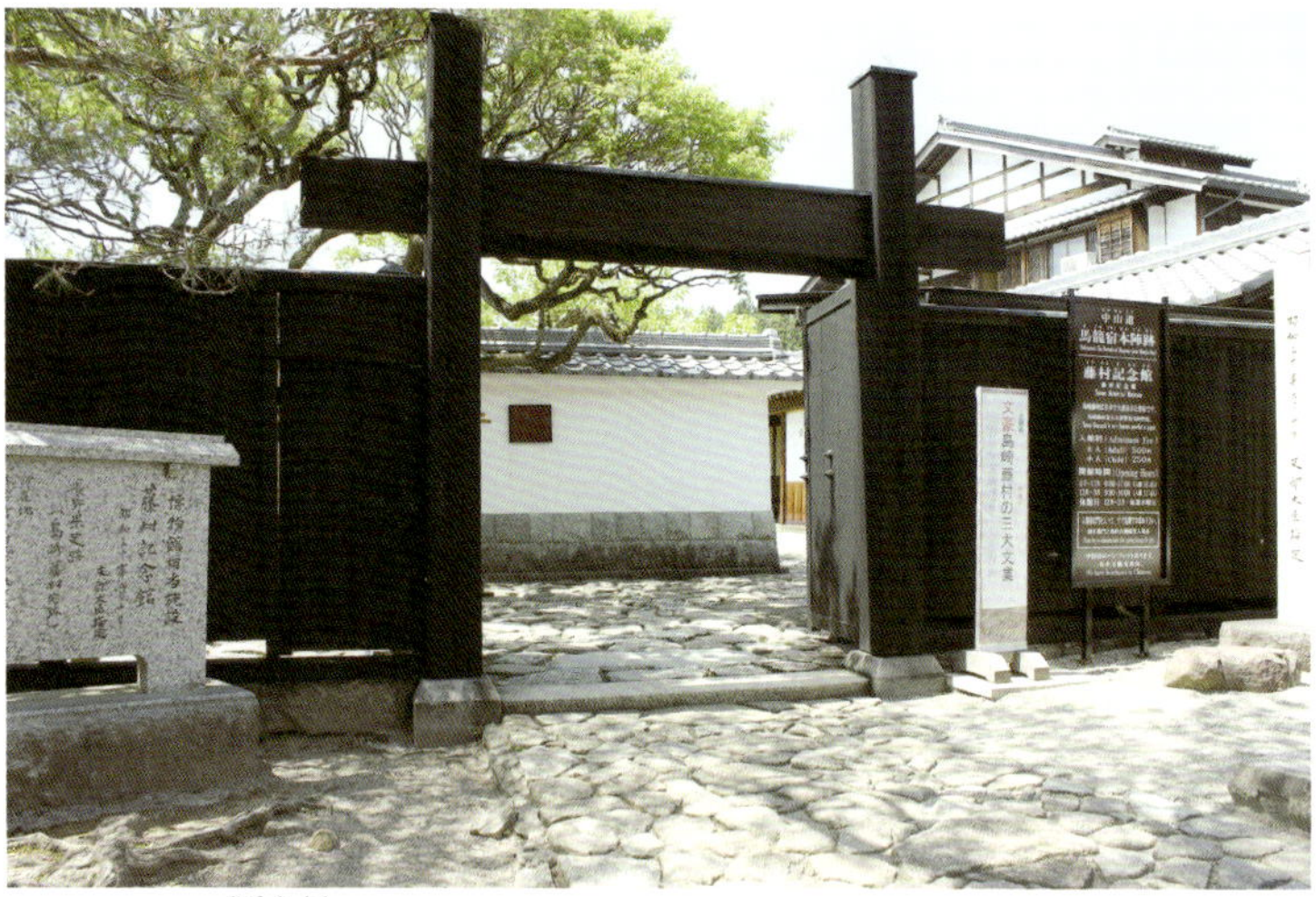

藤村記念館　冠木門《かぶきもん》

『夜明け前』の直筆原稿は400字詰め原稿用紙で2760枚に及び、和綴じ本で全37冊につづられて、桐の箱2つに丁寧におさめられています。昭和10年（1935）藤村は推されて初代日本ペンクラブの会長に就任します。その時日本ペンクラブへ多額の寄付をした大倉喜七郎氏に、そのお礼として藤村から寄贈されました。そして馬籠の藤村記念館完成の際、大倉家から再度当館へ寄贈されて現在に至っております。

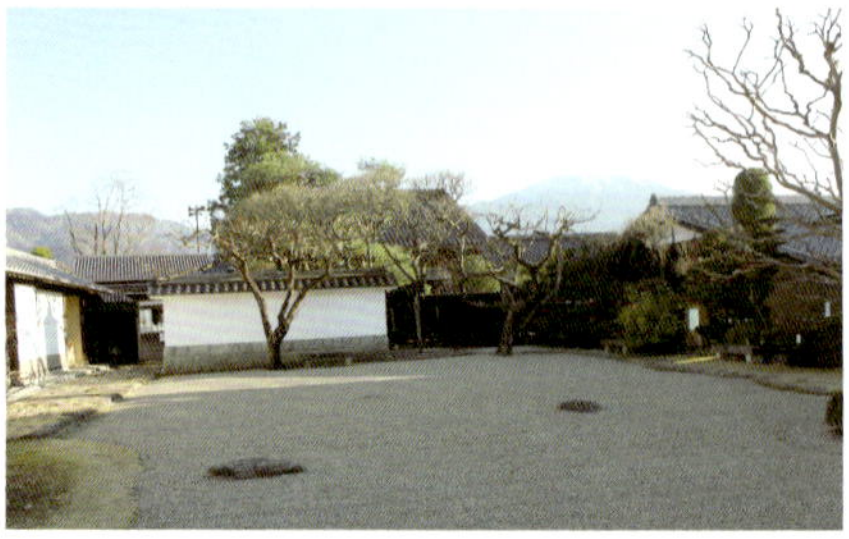

藤村記念館　旧本陣跡（中庭）

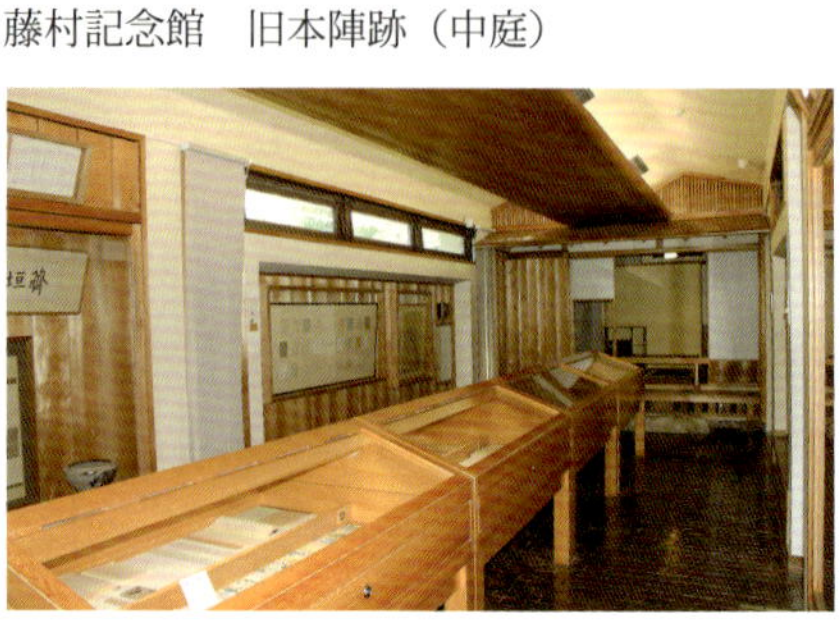

藤村記念館　第三文庫

藤村は『夜明け前』を書くにあたって、江戸時代の木曽街道や馬籠のことがわかりませんでした。昭和3年（1928）馬籠へ帰郷の際、お隣の大脇信興（『夜明け前』では伏見屋金兵衛）の書き残した大黒屋日記を発見します。藤村はひと夏かけて摘要ノートを作り参考資料としました。藤村に「これなら安心して筆が執れる」と言わしめたものです。したがって当時の馬籠の様子をいきいきと描くことができたわけです。

藤村は『夜明け前』によって「日本の近代化とはなんだったのか」という重いテーマに、父の生涯を書くことによって、正面切って取り組んだわけです。それにしても、木曽の自然やそこに暮らす人々を、文豪の筆は見事に書いていますが、さすがに詩人藤村だなと思います。

『夜明け前』は木曽を舞台として書かれますが、それは取りも直さず日本のふるさと、日本人のふるさとを描くことになったのです。そして「日本近代文学の最高峰である『夜明け前』」（高田宏＝作家で随筆家）が、多くの方によって読み継がれることを願うものです。

（一般財団法人藤村記念郷　理事　齋藤　稔）

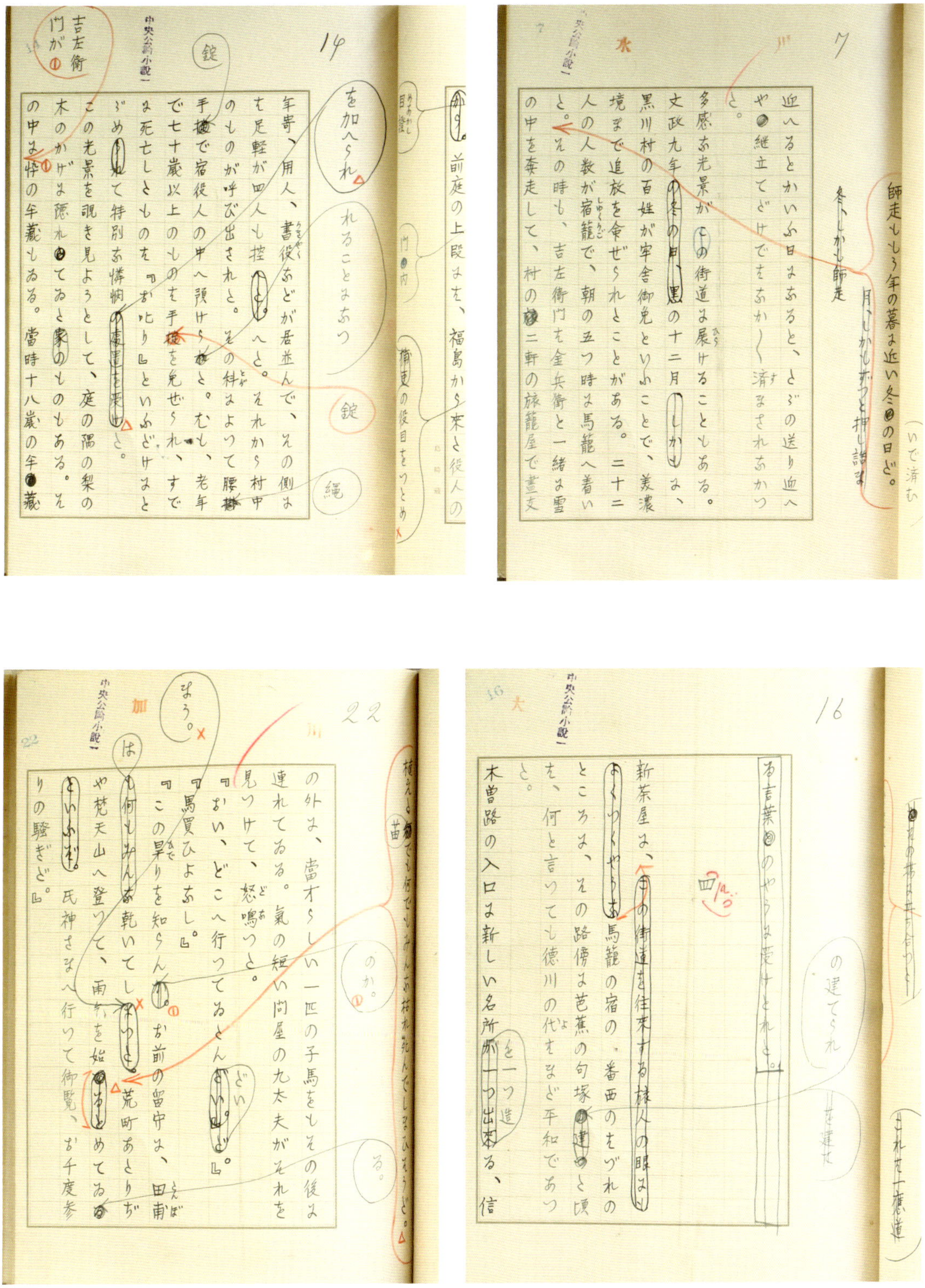

78 島崎藤村『夜明け前』原稿

37冊 昭和4年（1929） 藤村記念館

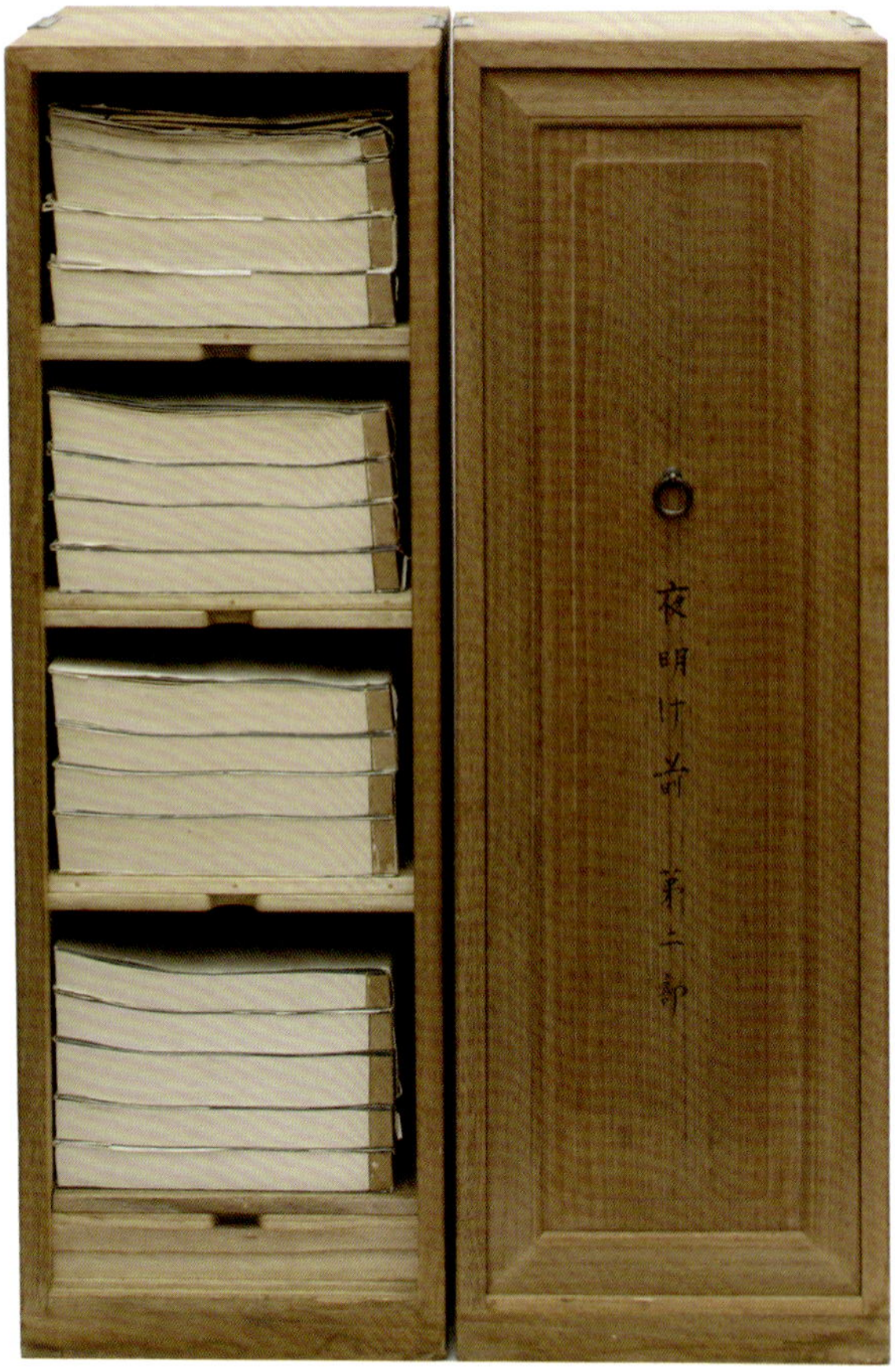

81　島崎藤村『夜明け前』原稿保管箱
2 棹　昭和戦前（20 世紀）　藤村記念館

80　島崎藤村『夜明け前』（初版、新潮社）
2 冊　昭和 10 年（1935）　藤村記念館

82 川村吾蔵 《島崎藤村像》
昭和 18 年（1943） 佐久市川村吾蔵記念館

昭和11年（1936）、日本ペンクラブ代表としてブエノスアイレスで開催の国際ペン大会に出席した島崎藤村は、帰途アメリカに立ち寄り、ボストンに約1週間滞在した。ここで、在米の彫刻家・川村吾蔵（1884 ～ 1950）は、胸像製作のため藤村その人を写真撮影し各部を詳細に採寸している。川村は昭和15年に帰朝し、藤村没後の昭和18年10月にようやく胸像を完成させた。晩年の藤村の顔貌を正確に造形化しているだけでなく、近代日本を代表する文豪の人となりを今に伝える記念碑的作品となっている。優れた肖像彫刻家として、アメリカでも高く評価されていた川村吾蔵の戦中期の代表作。
左側面「昭和十八年十月八ゝ／川村吾蔵」、背面「東に起き　西にのそみ　南に居り　北におもふ　藤村」

コラム

写真家　沢田正春の木曽路

沢田正春は、昭和33年（１９５８）、関西電力読書発電所関係の工事のため、鹿島建設の作業員として木曽に初めて入りました。作業の傍ら休日を利用して借り物のカメラで木曽郡内の写真を撮りました。そして、撮りため整理していた写真が、工事現場の所長さんの目にとまり、工事の竣工記念アルバムとして関係者に配布されました。

それは、高度経済成長期の中で失われていく木曽の原風景をフィルムに捉え、文を添えた限定版のアルバムでした。素朴な写真と随筆による独自の構成は、日本画家の前田青邨《せいそん》からも高く評価され、その後発行された写真文集『木曽路』３部作は昭和40年代の「木曽路ブーム」の担い手となったのです。

沢田正春は何度か王滝村を訪れ取材をされました。その時々、好意的に対応してくれる村の人たちに感激され、御嶽山に対する想いもあって王滝村に大変よい印象をもち、晩年の昭和63年（１９８８）には、生涯をかけて撮りためた貴重な写真フィルムなど約７０００点を王滝村に寄託されました。

なお、今回王滝村から出展した作品は、平成25・26年度に「長野県元気づくり支援金」の助成を受け展示用写真としたものです。

（王滝村教育委員会　澤田義幸）

木曽の原風景を撮った 沢田正春

＊104～111頁の作家はすべて沢田正春です

84
撮影地：塩尻市奈良井
昭和時代（20世紀）　王滝村

83　撮影地：塩尻市贄川
昭和時代（1950 ～ 60 年代）　王滝村

85　撮影地：木曽町日義
昭和 35 年（1960）　王滝村

86　撮影地：木曽町開田高原
昭和 33 ～ 42 年（1958 ～ 67）　王滝村

88　撮影地：木曽町新開
昭和 38 年（1963）頃　王滝村

87　撮影地：木曽町開田高原
昭和 45 ～ 55 年（1970 ～ 80）　王滝村

89　撮影地：木曽町開田高原
昭和29年（1954）頃　王滝村

91　撮影地：上松町
昭和33～37年（1958～62）　王滝村

90　撮影地：上松町
昭和 37 年（1962）頃　王滝村

92　撮影地不詳
昭和時代（20 世紀）　王滝村

93　撮影地：大桑村
昭和 38 年（1963）頃　王滝村

95　撮影地：南木曽町
昭和40年（1965）頃　王滝村

94　撮影地：南木曽町
昭和33～37年（1958～62）　王滝村

96　撮影地：南木曽町
昭和33～44年（1958～69）　王滝村

98　撮影地：中津川市馬籠
昭和 36 年（1961）　王滝村

97　撮影地：南木曽町
昭和 33 ～ 37 年（1958 ～ 62）　王滝村

100　撮影地：中津川市馬籠
昭和 36 年（1961）頃　王滝村

99　撮影地：中津川市馬籠
昭和 38 年（1963）頃　王滝村

101　撮影地：中津川市落合
昭和時代（20 世紀）　王滝村

コラム

木曽川の水力発電所

木祖村の山中に発し、木曽谷を南流して伊勢湾に注ぐ木曽川は、水量が豊富で高低差が大きいため水力発電に適した河川である。現在、流域には長野県内だけでも11箇所の水力発電所が稼働（支流は除く）しているが、それらの多くは国道19号など並行する幹線道路からもよく見え、しかも一つとして同じ意匠（デザイン）はなく、木曽谷の自然とうまく調和している。その建設年代は意外に古く、大正から昭和戦前期の建物が、現役の発電所として稼働している。

木曽川の電源開発は明治時代後期から始まり、明治44年（1911）、初の本格的な発電所・木曽川発電所（後の八百津《やおつ》発電所）が竣工、長野県内でも、大正6年の賤母《しずも》発電所（現中津川市）を皮切りに建設が進められた。その中心となったのが、「電力王」として知られた実業家・福沢桃介《ももすけ》（1868～1938）である。福沢は大同電力（関西電力の前身）等の社長を歴任、流域の開発を主導していった（福沢は「桃介橋」にその名を留めている）。

ところで、発電所の建設に先立っては、いくつかの課題を解決する必要があったが、そのうち、漁業、材木輸送などに関わる水利権問題に対しては、福沢は補償金の支払いや森林鉄道の敷設によって一つずつ解決していった。

そして最後の難題が「風光問題」つまり景観問題であった。「木曽八景」に代表される多くの景勝地を有するこの地域に建設する以上、建物の外観を重視せざるを得なかったのである。例えば福沢は、長野県知事らに宛てた上申書（大正10年）で、

当社ハ御命令ノ事項ハ常ニ誠意実行致度、最近風光問題ニ付キ本多（静六）林学博士ヲ招聘シ、実地調査ヲ乞ヒ、木曽川沿岸ヲシテ自然美ニ加フル建築美ヲ以テシ従来ニ比シ一層ノ美観ヲ添ヒ度計画中ニ候。（後略）

と記している。「自然美」と「建築美」等の文言から、福沢が「風光問題」に対して相当に気をつかっていたことがわかる。

しかし、水力発電所はその機能上、発電機の台数によって幅と奥行が決定され、さらに、水車や発電機の交換の際には（建物内部に常設の）クレーンでつり上げるため、その高さが自ずから決まってしまう。産業建築の中でも、きわめて単純な構造をもち、またかなりの高さを必要とするため、設計上の自由度は高くない。

福沢はこの難題を解決するため、建築家・佐藤四郎を大同電力に招き入れ、鉄筋コンクリートなどの先端技術や、欧米で流行している建築様式を取り入れるなどして対応に当たった。こうして大正10年以降、大桑発電所、須原発電所、桃山発電所、読書《よみかき》発電所、大井発電所など、近代建築史に残る個性的な発電所群が次々と建設されていったのである。

このうち、須原発電所（大桑村）は、切妻屋根のほぼ中央に鐘楼のような換気塔が突き出ており、修道院のような外観を持つ。切妻の上端の優美な曲線と、正面壁面を構成するシャープな直線との対比も見所である。

一方、桃山発電所（上松町）は、ネオゴシック様式に中世の西洋城郭風の装飾を加味した設計が目を引く。また、壁体を含めコンクリート打放しという当時としては先駆的な工法で造られている（当時の発電所の主流は、柱と梁はコンクリートだが壁はレンガ造り）。

また、読書発電所（南木曽町）では、直線的なアールデコ様式を基調に、クレーン・ガーダー上部には半円形の窓が並ぶなど、細かな装飾が多く用いられる。平成6年（1994）、水路橋、桃介橋とともに稼働中の発電所としては初めて重要文化財に指定された。今日でも、全国に3例しかない「発電する重要文化財」である。

百年近い稼働にビクともしない驚異的な耐久性もだが、大正時代の流行を色濃く反映していながら、現在でもまったく色あせることのないデザインの秀逸さは、もうひとつの「木曽の宝」と呼ぶにふさわしい。

（学芸員　林　誠）

関西電力須原発電所
大桑村　大正 11 年竣工

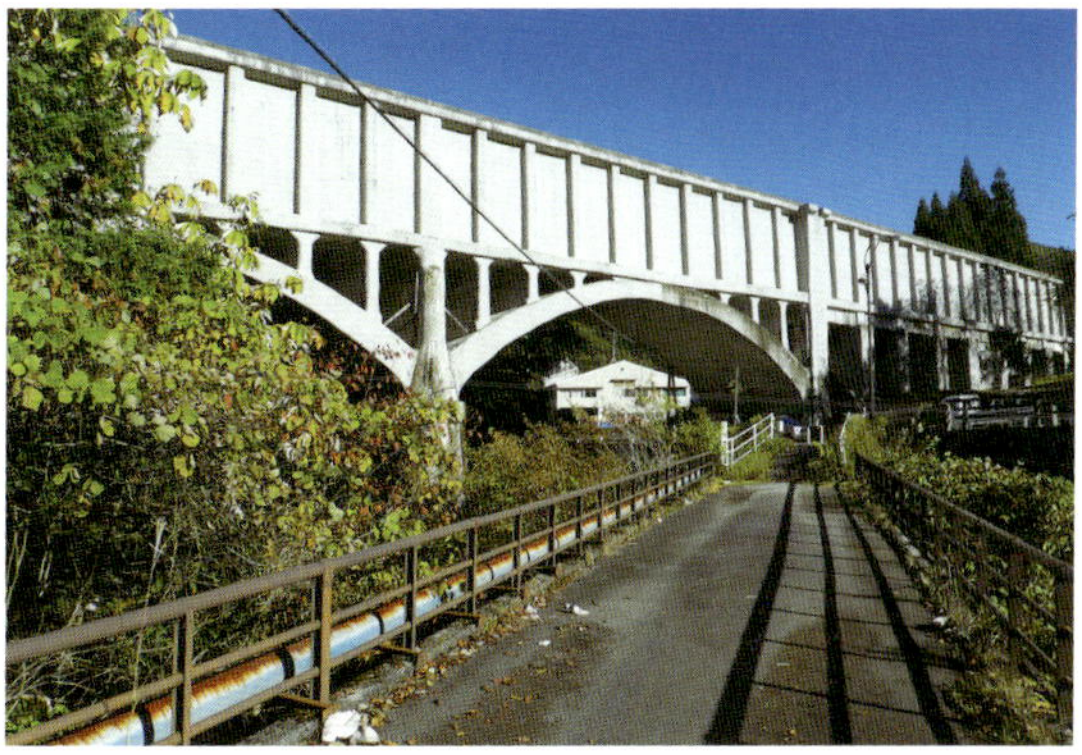

柿其水路橋
大正 12 年年完成。読書発電所への導水路のうち、柿其川を渡る鉄筋コンクリート造の水路橋。重要文化財

関西電力桃山発電所
上松町　大正 12 年竣工、佐藤四郎設計

桃介橋
大正 11 年年完成。大正期の土木技術の粋を集めた木製吊り橋。重要文化財

関西電力読書発電所
南木曽町　大正 13 年竣工、
重要文化財

コラム

木曽の民俗芸能と子どもたち

山や谷ごとに独自の文化を育んできた木曽では、現在でも、数多くの伝統文化が見られる。そこには、地域に根ざした人びとによる郷土や伝統文化を愛する心と、知恵や技を感じることができる。

以下、本企画展のイベントとして披露していただく民俗芸能を中心に、その概略と子どもたちの取り組みについて触れたい。

❖田立《ただち》花馬祭り

花馬祭りは、南木曽町田立五宮《いつみや》神社の祭りで、10月第1日曜日に開催される。稲穂に見立てた花で飾った木曽馬（花馬）3頭が、五宮神社に向かって村内を練り歩く。神社到着後は、境内を3回まわると同時に観衆が一斉に馬に飛びつき、花を奪い合う。家に持ち帰り田畑に差しておけば虫除けになるといわれる。

約300年続くこの祭りは、平成5年（1993）、県無形民俗文化財に指定され、平成10年（1998）には、長野冬季オリンピックの開会式にも出演した。

花馬の行列には、笛や太鼓の囃《はや》子方《しかた》が同行する。この囃子方は地元の小学生から高校生までが担当する。1か月ほど前から練習を始め、地元の保存会が中心となって指導する。学校や家庭の活動が多い時期ではあるが、多くの子どもたちが参加している。

子どもたちの作った花が木曽馬を飾る
（写真提供：南木曽町教育委員会）

❖田立歌舞伎

田立歌舞伎は、花馬祭りの前日（10月第1土曜日）の宵宮祭りに公演される。不定期公演（およそ数年に一度）ではあるが、同時に子ども歌舞伎も上演される。この子ども歌舞伎のきっかけとなったのは、平成元年（1989）、伝統継承を目的に、田立小学校の4年生以上を対象として開講された歌舞伎教室であった。

田立地区の子はかつては田立小学校に通っていたが、平成19年（2007）4月、町内の読書《よみかき》、田立、蘭《あららぎ》小学校が統合し、南木曽小学校に通うようになった。これ以降も、田立地区の歌舞伎保存会による熱心な支援により、子どもたちの歌舞伎への取り組みは続いている。子ども歌舞伎のない年は、大人とともに保存会の舞台で活躍する。花馬祭りの準備と並行しての練習を行う苦労もあるというが、小学校高学年の子どもたちが中心となり、地域の民俗文化の継承を担っている。

運動会で全校が踊る須原ばねそ（写真提供：大桑村教育委員会）

❖須原ばねそ

須原ばねそは、須原地区で古くから唄われる民謡・盆踊りである。ばねそとは、はね踊る衆という意味であり、楽器を用いない3種類の地唄を総称して須原ばねそと呼ぶ。木曽を代表する古刹である定勝寺が発祥の地と言われ、境内には石碑がある。もとは600余年前、京都の文化が人の往来とともに木曽に入り、庶民文化として定着したとされる。

須原宿では古くから各村々で盆踊り、祭礼、祝宴などで唄い踊られてきた。須原小学校でも運動会の恒例種目であった。平成15年（2003）4月、須原、野尻、大桑小学校が統合し、新大桑小学校となってからの運動会では、須原小学校で踊っていた須原ばねそ、旧大桑、野尻小学校で踊っていた木曽踊りの両方に取り組み、発表している。地元の保存会の協力を得ながら、大桑村全体で地域の民俗芸能を大切にしている。

❖把《たば》之《の》沢《さわ》姫獅子舞

開田高原把之沢地区では、かつて祝い事の際には姫獅子舞を舞っていたが、近年は衰退の一途をたどり、見かけることはほとんどなくなったという。

数年前、地域の有志による開田高原民謡保存会「ゆるり会」が発足し、姫獅子舞を復活させ、神社に奉納するなどの活動を行っている。

その後、地元に建つ開田中学校では、ゆるり会会員との交流を通して、姫獅子舞を伝える活動に取り組んだ。地域の人びとの思いや願いと開田高原の文化を知ることを通して、地域に誇りをもつことを目指したという。地域芸能祭での発表では、地元の人々がその雄姿に触れた。

❖開田嫁入り唄（コチャ節）

江戸時代の地誌『信濃奇勝録』には、開田地区の唄をうたい踊りをおどる風習が書かれているが、昔からの民謡は現在も変わらず残っている。もともとは単にコチャ節と言っていたものを、後の世に新たに名付けられたのが、開田嫁入り唄である。娘を嫁がせる父親の切ない気持ちをうたっているこの唄は、現在でも婚礼や酒の宴でうたわれるという。

開田小学校では、田起こしや運動会に木曽馬が登場するなど、地域の特色を生かした教育活動を積極的に取り入れている。生活科や総合的な学習の時間では地域の詳しい方や保存会の協力を得て、民俗芸能を学ぶことがある。子どもたちが地元の文化とかかわる貴重な場となっている。

子どもたちの夏の楽しみである薮原祭り
（写真提供：木祖村教育委員会）

ほかにも木曽地域の子どもたちが伝統文化に触れる機会は少なくない。木祖村では、薮原祭りが行われ、子どもたちが生き生きと参加する姿が見られる。木曽町福島では、木曽を代表する夏祭りであるみこしまくりに、子どもみこしが登場する。また、上松町駒ケ岳神社には、太々神楽（国選択無形民俗文化財指定）が伝わっている。一子相伝の形式をとるため、子どもたちは参加しないが、毎年1回、5月に行われる奉納上演の際には、多くの子どもたちが山を登り、見学をしている。迫力ある舞いを見た記憶が少なからず将来につながるものと期待される。

木曽地域では市町村合併や学校の統廃合により、平成16年（2004）に16校あった木曽郡の小学校は、平成28年（2016）時点で9校に減少した。各町村の小学校通学区が広がっていることを考えても、地域の文化を子どもたちにどのように伝え、継承につなげていくかという点は、これからの課題でもある。中心的役割を担っている各地域の保存会の発展を願いたい。

（専門主事　市川　厚）

コラム

二つの木曽

私は、下伊那から木曽に住むようになった。空が広く暖かい下伊那。木曽の空が狭く日照時間が短かく、見わたせる世界の狭さが当初は大嫌いだった。木曽人になって50有余年、木曽の歴史、木曽の人々の生活を身近に知ってようやく木曽人としての自覚を持てるようになった。

❖人・物・文化の交錯する木曽

私は考古学を学んでいて、下伊那や木曽での遺跡調査を多く行っている。また県内各地の遺跡調査現場も訪れている。

木曽は県内では最も遺跡数が少なく、遺跡の規模も小さい。それはこの地域が木曽谷とよばれるように、木祖村に水源を持つ木曽川が南流し、両岸には山が迫り、人が居住できる平坦地は木曽川両岸と支流の狭小な場所しかないためである。そんな小さな遺跡も調査してみると意外な内容の豊かさに驚く。

木曽川は南流して木曽谷を抜けると空の広い美濃に入る。下流は肥沃な濃尾平野を流れ、伊勢湾に流れこんでいる。美濃西部からは近江を経て都のあった畿内につながっている。木曽川は人・物・文化の通路であり、下流からは東海・畿内・西日本の文物をもたらした。

木曽川の最上流部は鳥居峠を越えて松本平につながる。ここから諏訪を経て南関東、峠を越えて東信、さらに北関東と、犀川を下って北信、さらに日本海岸に出て東北と、白馬村から流れる糸魚川を伝って、日本海岸に出ると、北陸・山陰までつながる。それら各地の文物が木曽谷に入る。木曽山脈にある峠から伊那谷と、木曽西部の長峰峠・鞍掛峠で飛騨と、そこと交流のある北陸の文物も木曽谷に入ってきた。そうした文化の交錯地である木曽にあるのは小さな遺跡であるが、各地から到来した遺物の出土もあって、調査の楽しみがある。

開田高原柳又遺跡の旧石器を見ると、東北・関東・西日本の製作技法の石器が混在している。遺跡名をつけた柳又ポイント（尖頭器）は西日本に多く分布する。

縄文時代前期遺跡を調査すると西日本・東海系土器は木曽南部に多く、中部日本・関東系土器が北部に多く、王滝川上流遺跡では混在する。中期には西日本の土器が搬入されている。中期～後半の崩越遺跡では北陸・東海・下伊那の土器が見られる。縄文時代後期では、飛騨で多くみつかる御物石器が南部で出土している。

弥生時代、水田農耕に不向きな木曽谷は遺跡が少ない。弥生時代前期に木曽川下流域から東日本への進出が見られ、木曽谷では硬焼きの遠賀川系の壺が出土し、三河からの赤焼きの壺が出土する伊那谷の特徴とは違いがある。

中期に信州独自の栗林式土器と濃尾平野の高蔵式土器が出土し交流を示している。後期は木曽谷北部からは松本平から木曽にかけて橋原式土器が、木曽南部では大平峠・清内路峠・神坂峠を越えて下伊那の中島土器が見られる。

縄文時代・弥生時代も木曽は他地域からの人の進出が見られるが、他地域に見られる独自の土器をつくり出していない。地域としての高揚は無かった。

平安時代、美濃からの逃亡農民が木曽に定住し、南部に吉蘇村、北部に小吉蘇村が成立した。両村は浮遊農民が主導し開拓地保を広げ、北部に大吉曽庄、南部に小木曽庄と2つの庄園に発展した。国境裁定で木曽川流域は美濃国となったが、大吉曽庄は信濃との結びつきから信濃国大吉曽庄と中央でも認識されていた。大吉曽庄庄官（荘官）中原兼遠は兵の家で、東国を支配下とする源氏に属し、保元・平治の乱では、兄・木曽中太とその子・弥中太を義朝軍に参陣させた。

平安時代、都と東国を結ぶ幹線道路となった木曽路は都の大番役に勤務する北関東・東信の武士が往来し、中原館に立ち寄り親交を結んだ。

武蔵大蔵館に住んだ源義賢は兄・義朝の子悪源太義平に殺される。そのとき義賢の子・駒王丸（のちの義仲）は畠山重能に助けられ、斉藤実盛に預けられる。さらに実盛は義朝の追及を逃れるため、木曽の知人中原兼遠に養育を託した。のち13歳で元服して、以仁王の令旨を受けて平家追討に挙兵した源次郎木曽義仲は、美濃ではなく、知友が多く兵馬の多い東信に進出し、北陸路から上洛し平家を京から追いやった。

木曽路は東国と都を結ぶ幹線道路で、ここを支配する後の木曽氏は木曽山と木曽路を支配することで信濃を代表する戦国武将の一人となった。その時代、木曽路の宿の一つ元原遺跡で、細長い町割のはずれの大きな屋敷地を持つ掘立柱建物跡を調査した。多量の陶磁器片の出土があり､その中で注目されたのは茶道具で、数多い天目茶碗、いくつもの茶壷と風炉、さらに葉茶を抹茶にする茶臼も見つかって驚いた。県内では寺や館跡から出土するような遺物だった。このようなものが往来する木曽路、ものを購入できる経済力を持つ木曽の住民の思わぬ豊かさに驚いた。

郷土史家の故・生駒勘七先生は、江戸時代の中山道木曽11宿は往来する旅人・文物・情報によって経済力に恵まれ豊かであったという。木曽の豊かな山林資源は尾張藩林になり、住民は厳しい統制化で許された範囲での資源活用をしていた。

一方木材伐採と搬出で杣・日雇で働く人たちも多かった。江戸時代後半には木曽から遠い各地の山に出稼ぎする人も多く、その人たちが金銭だけでなく外の情報も地元にもたらした。幕末、江戸の木材問屋に出稼ぎした杣代人は木曽では手にできないお金を手に、明治になって帰村するとき、大名道具等多くの品を送り届けている。もう一人の代人はペリー来航のとき、情報に貪欲であったのか、幕府用心に手づるを求めていくつもの記録を書写している。田舎の杣としては到底考えられないほど、世情や幕末の政治情報に敏感であった。このような木曽人もいた。

霊峰御嶽山は全国的に信者を持ち、信者は講社を組織し、団体登拝した。黒沢口は東海・西日本の信者が、王滝口は江戸・関東の信者が集中し、特に江戸・関東の講社は人数も多く経済力もあり山麓に豊かさをもたらし、揺れ動く外の情報ももたらした。

江戸時代の木曽の人々は県内でも経済力も外から入る情報量も豊かで、中山道から離れた山村も外との情報が強かった。

山に囲まれた山の村という既存のイメージではくくれない一面を持っていた。

❖なかなか一つにならない木曽

南北に長い木曽谷には気候面で違いがみられ、南部は広葉樹林が、北部は落葉広葉樹林と針葉樹林という植相の違いがある。これが平安時代、美濃からの開発が南部から進み、大桑村を中心に吉蘇村、上流に進んで旧日義村に小吉蘇村の成立につながる。

南部は美濃とのつながりが強く、北部は信濃松本平とのつながり強く、国境争いの対象となり、木曽川流域は美濃の国と裁定されたが、それでも北部は信濃の侵出があり、平安時代末の大吉曽庄は信濃国に、南の小木曽庄は美濃国と、木曽は2国に別れて所属することになった。

また、平安時代以来、信濃国木曽の北部と美濃国木曽の南部という地域性は現代まで連綿として継続している。現在も南部では岐阜県中津川市・恵那市の広告が、北部では塩尻・松本の広告が新聞に折り込まれてくる。この商圏の違いは地域で生活する人々にも強く意識され、町村合併の際でも、一つの「木曽市」としてまとまらなかった。

木曽谷という地形のイメージとして一つの木曽という気持ちはあるが、いざとなると木曽は一つというまとまりにならない。風土の中､特に気候の温暖と冷涼、植物相の常葉広葉樹林と落葉広葉樹林の違いがそれぞれの地域住民の意識差となっている。北部に住む私は信濃人としての気持ちが強い。見える空を含めた空間の狭さがもたらす木曽人の人間性が、同じ信濃人には見られない特徴と思う。

（王滝村村誌編纂委員　神村　透）

「木曽の宝」関連地図

1	木曽漆器工業協同組合	塩尻市木曽平沢
2	木曽漆器館	塩尻市木曽平沢
3	木祖村郷土館	木祖村
4	極楽寺	木祖村
5	田ノ上観音堂	木祖村
6	五月日山伏塚	木祖村
7	上の原遺跡	木曽町日義
8	お玉の森遺跡	木曽町日義
9	木曽福島郷土館	木曽町福島
10	興禅寺	木曽町福島
11	山村代官屋敷	木曽町福島
12	木曽郷土館	木曽町福島
13	水無神社	木曽町福島
14	日向区・阿弥陀堂	木曽町三岳
15	大泉寺	木曽町三岳
16	若宮遺跡	木曽町三岳
17	木曽町・御嶽神社（若宮）	木曽町三岳
18	白川社	木曽町三岳
19	柳又遺跡	木曽町開田高原
20	開田高原麻織り物の家	木曽町開田高原
21	山下家住宅	木曽町開田高原
22	西又遺跡	木曽町開田高原
23	崩越遺跡	王滝村
24	大岩橋遺跡	王滝村
25	王滝村・御嶽神社（里宮）	王滝村
26	御嶽山史料館	王滝村
27	木曽路美術館	上松町
28	東野阿弥陀堂	上松町
29	大桑村歴史民俗資料館	大桑村
30	定勝寺	大桑村
31	出雲神社	大桑村
32	池口寺	大桑村
33	白山神社	大桑村
34	楯守神社	南木曽町
35	南木曽町博物館	南木曽町
36	藤村記念館	中津川市馬籠

＊所蔵者・保管場所等の位置である。出土土器は遺跡所在地を示す。

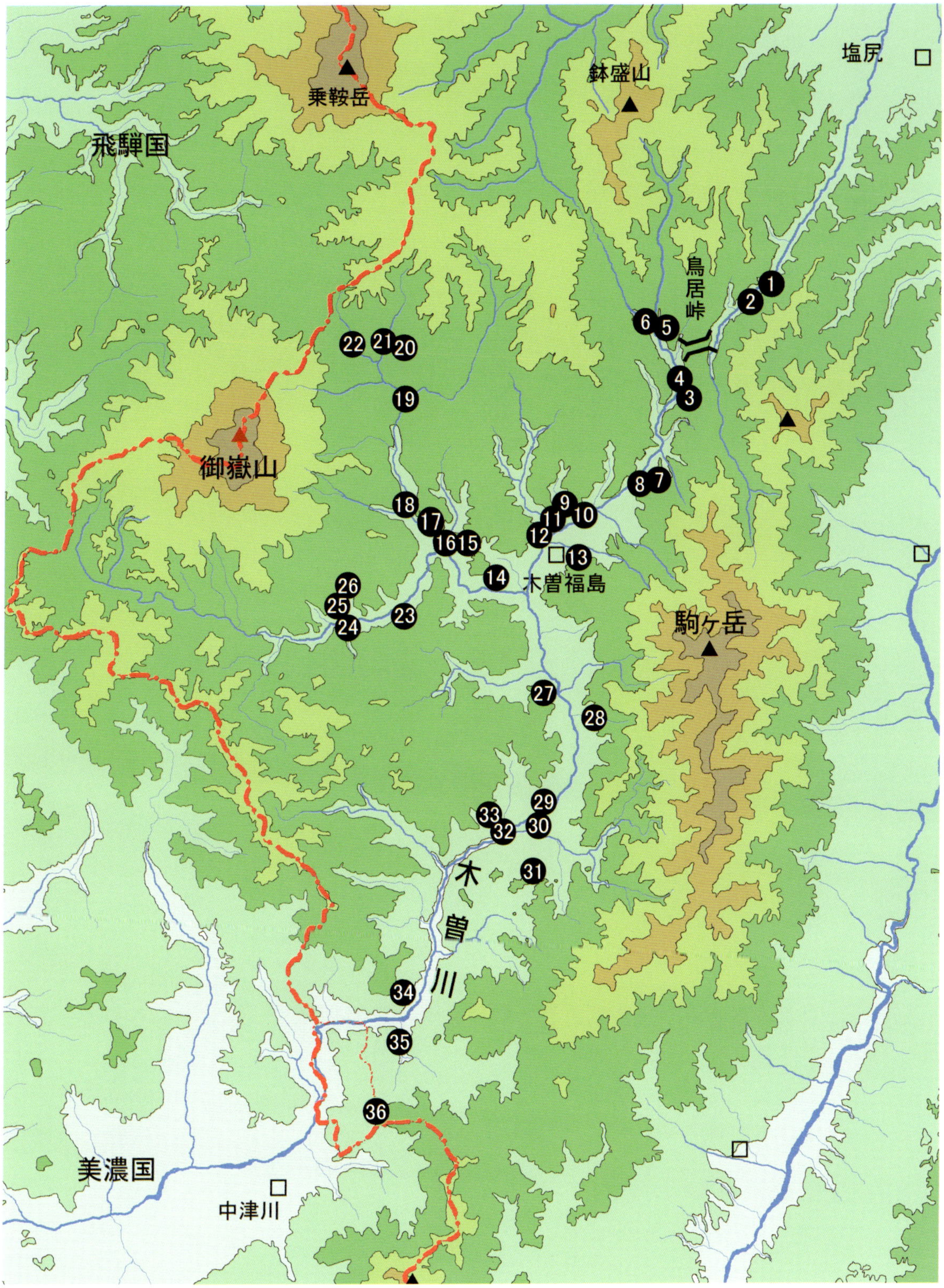
乗鞍岳
鉢盛山
塩尻
飛騨国
鳥居峠
御嶽山
木曽福島
駒ヶ岳
木曽川
美濃国
中津川
1
2
3
4
5
6
7
8
9
10
11
12
13
14
15
16
17
18
19
20
21
22
23
24
25
26
27
28
29
30
31
32
33
34
35
36

展示目録

凡例　データは原則として、出品番号、資料、作品名、員数　指定、材質・形状、制作年代、法量、所有者の順である。法量の単位はセンチメートルとし、特に記述がない場合、縦×横で表記した。錦絵は、画面寸法／用紙寸法とした。

1
柳又遺跡出土　角錐状石器・ナイフ形石器・槍先形尖頭器　一括7点
下呂石・チャート・黒曜石
後期旧石器時代後半期
木曽町教育委員会

2
柳又遺跡出土　ナイフ形石器　一括4点
黒曜石
後期旧石器時代後半期
木曽町教育委員会

3
柳又遺跡出土　刃器・縦長剥片　一括3点
珪質頁岩
後期旧石器時代終末期
木曽町教育委員会

4
柳又遺跡・西又遺跡出土　有舌尖頭器　一括6点
チャート・下呂石
後期旧石器時代終末期～縄文時代草創期
木曽町教育委員会

5
西又遺跡出土　槍先形尖頭器　一括4点
チャート
後期旧石器時代終末期～縄文時代草創期
木曽町教育委員会

6
崩越遺跡出土土器（西日本系）　1口
縄文時代前期後葉
高１１・５
王滝村教育委員会

7
崩越遺跡出土土器（諏訪系）　1口
縄文時代中期中葉Ⅱ期
高２２・５
王滝村教育委員会

8
大岩橋遺跡出土土器（伊那～中信系）　1口
中期中葉Ⅱ期
高１５・２
王滝村教育委員会

9
崩越遺跡出土土器（東信系）　1口
縄文時代中期中葉Ⅱ期
高１８・５
王滝村教育委員会

10
大岩橋遺跡出土土器（北陸系）　1口
中期中葉Ⅱ期
高２６・５
王滝村教育委員会

11
崩越遺跡出土土器（西日本系）　1口
縄文時代中期中葉Ⅱ期
高１６・０
王滝村教育委員会

12
崩越遺跡第1号住居跡出土土器　一括8点
縄文時代中期後葉Ⅰ期
①（中信系）高１９・５／②（伊那系）高６０・０／③（伊那系）高３６・５／④（中信系）高３１・０／⑤（中信系）高２５・５／⑥（東海系）高３３・０／⑦（東海西部系）高（４０・０）／⑧（北陸系）高１１・０
王滝村教育委員会

13
若宮遺跡出土釣手土器　1口
木曽町指定文化財
縄文中期後葉Ⅱ～Ⅲ期
器高２０・０、釣手部高１０・５
木曽町教育委員会

14・15
上の原遺跡墓壙出土品　一括（18点）
木曽町指定文化財
灰釉陶器12口、副葬品（鉄器）6点
平安時代
木曽町教育委員会

16
お玉の森遺跡出土灰釉陶器段皿　1口
墨書「大野保」「政所」
木曽町指定文化財
平安時代後期（10世紀後半～11世紀）
径１１・６
木曽町教育委員会

17
大般若波羅密多経　１００冊
木曽町指定文化財
紙本墨書、折本
鎌倉時代　建保3年（１２１５）
各２４・２×９・２
個人

18
鰐口　1口
長野県宝
鋳銅
鎌倉時代　徳治3年（１３０８）
外法２７・８／中央厚１６・０
池口寺

19
鰐口　1口
木曽町指定文化財
鋳銅
南北朝時代　至徳2年（１３８５）
鼓面径３４・０／鼓厚１４・８
木曽町・御嶽神社

20
鰐口　1口
木曽町指定文化財
鋳銅
室町時代　応永5年（１３９８）
鼓面径２０・０／鼓厚８・０
白川社

21
鰐口　1口

大桑村指定文化財
鋳銅
室町時代　永亨11年（1439）
鼓面径21・0
白山神社

22
鰐口　1口
木曽町指定文化財
鋳銅
室町時代　天文23年（1554）
鼓面径48・0
木曽町・御嶽神社

23
五鈷杵　1口
大桑村指定文化財
鋳銅製・鍍金
鎌倉時代後期
総長15・6
出雲神社

24
三鈷杵　1口
大桑村指定文化財
鋳銅製
南北朝時代～室町時代初期
総長19・5
出雲神社

25
懸仏（御正体）　3面
木曽町指定文化財
木板、銅板　彩色
鎌倉時代～室町時代
①16・0／②16・5／③16・5
水無神社

26
懸仏（御正体）　1面
木曽町指定文化財
銅板・墨画
鎌倉時代～室町時代
径7・5
水無神社

27
棟札　1枚
木製
南北朝時代　延文2年（1357）
高約120・0
水無神社

28
梅花双雀鏡　1面
平安時代末（12世紀末）
直径7・7
王滝村・御嶽神社

29
菊花擬漢式鏡　1面
鎌倉時代
直径8・2
王滝村・御嶽神社

30
山吹双雀鏡　1面
鎌倉時代
直径10・5
王滝村・御嶽神社

31
松喰鶴鏡　1面
平安時代末～鎌倉時代初期
直径9・3
王滝村・御嶽神社

32
菊花双雀鏡　1面
室町時代（16世紀）
直径8・7
王滝村・御嶽神社

33
聖徳太子和朝先徳連坐影像　1幅
長野県宝
絹本著色、軸装
鎌倉時代末期～南北朝時代
108・2×36・8
上松町教育委員会

34
阿弥陀如来絵像　1幅
長野県宝（附）
絹本著色、軸装
鎌倉時代末期～南北朝時代
108・2×36・8
上松町教育委員会

35
菩薩形立像　1軀
木造素地
平安時代～鎌倉時代（12～13世紀）
＊1115年以降
像高112・5
池口寺

36
聖観音菩薩立像（田ノ上観音）　1軀
木祖村指定文化財
木造彩色
平安時代～鎌倉時代（12世紀後半）
像高67・5
極楽寺

37
阿弥陀如来坐像　1軀
長野県宝
木造彩色
鎌倉時代（12世紀末～13世紀前半）
像高86・0
木曽町三岳・日向区

38
太刀　銘　□恒　1口
長野県宝
鎌倉時代（13世紀前半）
長77・9反3・3
水無神社

39
刀　銘　備州長船則光／文明三年
八月日　1口
室町時代　文明3年（1471）
長60・0反2・2目くぎ穴4個
木曽町教育委員会

40
木曽義元像　1幅
長野県宝
絹本著色、軸装
室町時代　天文5年（1536）
91・0×36・5
定勝寺

41
木曽義在像　1幅
大桑村指定文化財
絹本著色、軸装

室町時代　永禄元年（1558）推定
41・0×22・3
定勝寺

42
常滑焼　甕　1口
陶器
室町時代（15世紀後半）
高54・0×径60・0
大桑村教育委員会

43
木曽義仲合戦図　1双
紙本着色、4曲1双屏風
江戸時代
各98・0×200・0
長野県立歴史館

44
木曽谷中山川之図　1巻
紙本著色、巻子
江戸時代中期
高30・0×幅550・0
個人

45
山伏塚出土　錫杖　1柄
青銅
江戸時代
高10・3
木祖村教育委員会

46
山伏塚出土　煙管　2管
青銅
江戸時代
①雁首長8・5、吸口長9・5／②雁首長4・6、吸口長5・9
木祖村教育委員会

47
棟札　1枚
木製
江戸時代　慶長17年（1612）以降
高90・0
水無神社

48
円空　十一面観音坐像　1軀
木造
江戸時代（17世紀）
像高41・4
栖守神社

49
守屋貞治　地蔵菩薩坐像（乙若地蔵）　1軀
木曽町指定文化財
石造（安山岩）
江戸時代（18〜19世紀）
像高39・0
大泉寺

50
渓斎英泉　岐阻街道奈良井宿・名産店之図　1面
横大判錦絵
江戸時代　天保年間（19世紀）
21・6×34・7／24・5×36・4
長野県立歴史館
「竹内」「版元保永堂」、枠外に極印

51
渓斎英泉　岐阻街道奈良井宿・名産店之図　1面
横大判錦絵
江戸時代　天保年間（19世紀）21・6×34・7／24・5×36・4
木曽路美術館
「竹内」「版元保永堂」、枠外に極印

52
歌川広重　木曽海道六拾九次之内　福し満　1面
横大判錦絵
江戸時代　天保年間（19世紀）22・7×35・4／24・2×36・6
木曽路美術館
広重筆「一立斎」、「錦樹堂」、枠外に極印

53
歌川広重　木曽海道六拾九次之内　須原　1面
横大判錦絵
江戸時代　天保年間（19世紀）
22・8×34・9／24・8×35・7
木曽路美術館
広重筆「一立斎」、「錦樹堂」

54
渓斎英泉　木曽路駅野尻　伊奈川橋遠景　1面
横大判錦絵
江戸時代　天保年間（19世紀）22・2×34・6／25・0×36・1
木曽路美術館
「竹内」「保永堂」、枠外に極印

55
歌川広重　木曽路之山川　3面
竪大判錦絵　三枚続き
江戸時代　安政4年（1857）
左35・4×23・9、中35・3×23・3、右35・3×23・8
木曽路美術館
広重筆「墨林樵者」「」（岡沢屋太平次版元印）

56
信濃国木曽御嶽山全図　1面
石版、紙
明治26年（1893）
縦38・0×幅47・6
長野県立歴史館
編集：児野文助　発行：竹倉健太

57
大坪流馬之図　1双
紙本着色、6曲1双屏風
江戸時代（17世紀）
各幅59・5×高171・0
木曽町教育委員会

58
黒駒繋馬図（角倉与一奉納絵馬）　1体
王滝村指定文化財
板、彩色　墨書
江戸時代　寛文8年（1668）
高90・0×幅122・0
王滝村・御嶽神社

59
鑑札　1枚
木製・墨書
江戸時代　10・5×6・5

個人

60 馬控帳　1冊
紙本墨書
江戸時代　嘉永6年（1853）
20・0×10・0
個人

61 千村士乃武　親子馬　2体
乾漆
昭和25年（1950）
親：高53・5×幅24・1×奥行30・3
子：24・0×12・3×29・1
木曽青峰高校同窓会（木曽路美術館寄託）

62 千村士乃武　木曽馬　1体
木彫
昭和25年（1950）頃
高30・5×幅18・5×奥行40・0
上松町教育委員会（木曽路美術館寄託）

63 石井鶴三　木曽馬（一）　1体
ブロンズ
昭和26年（1951）第36回院展
高26・5×幅12・0×奥行38・0
木曽教育会

64 石井鶴三　木曽馬（二）　1体
ブロンズ
昭和26年（1951）第36回院展
高34・5×幅12・0×奥行38・0
木曽教育会

65 お六櫛（奥谷利助氏旧蔵）　1枚
木製漆塗
江戸時代末～明治時代（19世紀）
長11・0×幅6・0
木祖村教育委員会

66 お六櫛（奥谷利助氏旧蔵）　1枚
木製漆塗
江戸時代末～明治時代（19世紀）
長12・0×幅6・0
木祖村教育委員会

67 お六櫛（奥谷利助氏旧蔵）　1枚
木製漆塗
江戸時代末～明治時代（19世紀）
長10・0×幅4・0
木祖村教育委員会

68 川口助一　お六櫛　1枚
木製漆塗
昭和50年（復元）
長12・0×幅6・0
木祖村教育委員会

69 川口助一　お六櫛　1枚
木製漆塗
昭和50年（復元）
長13・0×幅6・1
木祖村教育委員会

70 川口助一　お六櫛　1枚
木製漆塗
昭和50年（復元）
長11・4×幅5・5
木祖村教育委員会

71 畑中たみ　麻布　1反
麻
昭和戦前（20世紀）
幅37・0×長950・0
個人

72 木曽堆朱座卓　1機
塩尻市指定文化財
木製漆塗
昭和時代初期（20世紀）
幅110・0×奥行94・5×高32・5
塩尻市教育委員会

73 巣山榮三　木曽堆朱二段重　1合
木製漆塗
平成22年（2010）
高14・0×幅22・0×奥行22・0
木曽漆器工業協同組合

74 小椋榮一　欅造黒柿象嵌盛器　1枚
木製漆塗
径41・0
興禅寺

75 小椋榮一　神代欅造拭漆盆　1枚
木製漆塗
平成5年（1993）
径44・5
興禅寺
第41回日本工芸展

76 小椋榮一　黄檗造拭漆盛器　1枚
木製漆塗
平成13年（2001）
径45・5
興禅寺
第48回日本伝統工芸展

77 小椋榮一　栓造拭漆盆　1枚
木製漆塗
平成17年（2005）
径42・8
興禅寺
第45回日本工芸会東日本支部伝統工芸新作展

78 島崎藤村『夜明け前』原稿　37冊
インク、赤鉛筆他、紙
昭和4年（1929）
18・8×14・0
藤村記念館

79 島崎藤村『夜明け前』原稿（複製）　1枚
インク、赤鉛筆他、紙
昭和4年（1929）
18・8
藤村記念館

80

島崎藤村『夜明け前』（初版、新潮社）　2冊
昭和10年（1935）
各18・7×12・5
藤村記念館

81
島崎藤村『夜明け前』原稿保管箱　2棹
桐
昭和戦前（20世紀）
各　高77・5×幅26・0×奥行32・3
藤村記念館

82
川村吾蔵　島崎藤村像　1軀
ブロンズ
昭和18年（1943）
高46・0
佐久市川村吾蔵記念館

83
沢田正春　塩尻市贄川　1面
モノクロプリント
昭和時代（1950〜60年代）
王滝村

84
沢田正春　塩尻市奈良井　1面
モノクロプリント
昭和時代（20世紀）
王滝村

85
沢田正春　木曽町日義　1面
モノクロプリント
昭和35年（1960）頃
王滝村

86
沢田正春　木曽町開田高原　1面
モノクロプリント
昭和33〜42年（1958〜67）
王滝村

87
沢田正春　木曽町開田高原　1面
モノクロプリント
昭和45〜55年（1970〜80）
王滝村

88
沢田正春　木曽町新開　1面
モノクロプリント
昭和38年（1963）頃
王滝村

89
沢田正春　木曽町開田高原　1面
モノクロプリント
昭和29年（1954）頃
王滝村

90
沢田正春　上松町　1面
モノクロプリント
昭和37年（1962）頃
王滝村

91
沢田正春　上松町　1面
モノクロプリント
昭和33〜37年（1958〜62）
王滝村

92
沢田正春　撮影地不詳　1面
モノクロプリント
昭和時代（20世紀）
王滝村

93
沢田正春　大桑村　1面
モノクロプリント
昭和38年（1963）頃
王滝村

94
沢田正春　南木曽町　1面
モノクロプリント
昭和33〜37年（1958〜62）
王滝村

95
沢田正春　南木曽町　1面
モノクロプリント
昭和40年（1965）頃
王滝村

96
沢田正春　南木曽町　1面
モノクロプリント
昭和33〜44年（1958〜69）
王滝村

97
沢田正春　南木曽町　1面
モノクロプリント
昭和33〜37年（1958〜62）頃
王滝村

98
沢田正春　中津川市馬籠　1面
モノクロプリント
昭和36年（1961）
王滝村

99
沢田正春　中津川市馬籠　1面
モノクロプリント
昭和38年（1963）頃
王滝村

100
沢田正春　中津川市馬籠　1面
モノクロプリント
昭和36年（1961）頃
王滝村

101
沢田正春　中津川市落合　1面
モノクロプリント
昭和時代（20世紀）
王滝村

参考1
土器（小型壺）　1口
縄文晩期
高9・5
木曽町教育委員会

参考2
懸仏（御正体）　24面
木曽町指定文化財
鎌倉時代〜室町時代
径8・3〜16・5

水無神社

参考3
和鏡　9面
室町時代～江戸時代
径6・1～10・5
王滝村・御嶽神社

参考4
円空　聖観音菩薩立像と厨子　1軀
南木曽町指定文化財
木造・素地
江戸時代・17世紀
聖観音　高10・1／厨子
高39・2
川向区（南木曽町博物館保管）

参考5
円空　聖観音菩薩立像　1軀
南木曽町指定文化財
木造・素地
江戸時代・17世紀
高58・5
個人

参考6
円空　韋駄天立像　1軀
木曽町指定文化財
木造・素地
江戸時代・17世紀
高24・5
大泉寺

参考7
木曽草花根皮類　1冊
標本帳
江戸時代　天保15年（1844）
24・5×17・0
個人

参考8
木曽の駒（第三師管陸軍獣医分団編纂）　1冊
紙
明治44年（1911）
25・0×16・8
木曽町教育委員会

参考9
麻布　1反
明治時代～昭和時代
開田高原麻織物研究会

参考10
千村士乃武　仔馬　1体
木造・素地
昭和時代（20世紀）
木曽町教育委員会（木曽福島郷土館寄託）

参考11
沢田正春　これより木曽路　1面
昭和時代（20世紀）
王滝村

参考文献

伴蒿蹊著・三熊花顛画『近世畸人伝』巻之二　大阪河内屋茂兵衛ほか　1790（寛政2）

長野県西筑摩郡役所『西筑摩郡誌』長野県西筑摩郡役所　1915

宮崎林造編『大同電力株式会社沿革史』大同電力社史編纂事務所　1941

樋口昇一・森嶋稔「木曽開田高原の無土器文遺跡―柳又遺跡を中心として―」『信濃』11（11）　1959

王滝村『村誌王滝』1961

木曽教育会郷土館編『木曽谷の円空仏』甲陽書房　1965

佐藤寒山編『刀剣』（日本の美術6）至文堂　1966

生駒勘七『御嶽の歴史』木曽御嶽本教　1966

小島和子「山間地における漆器産業―長野県西筑摩郡楢川村を事例として―」『地理学報告』32　1969

開田村教育委員会編『木曽の麻衣―開田村における麻織物の記録』開田村教育委員会　1973

木祖村教育委員会『木曽の鳥居峠』木祖村教育委員会　1973

池田感「ある座談会」『木曽教育』42　1974

陶山光雄「木曽馬像の誕生」『木曽教育』42　1974

高藤町誌編纂委員会『高遠の石仏　付　石造物』高遠町誌刊行会　1975

木祖村教育委員会『木曽のお六櫛』木祖村教育委員会　1975

南木曽町教育委員会『南木曽の文化財』1977

黒田三郎『信州木曽馬ものがたり』信濃路　1977

松瀬亮吉「木曽路の円空仏」『円空研究・別巻』人間の科学社　1977

棚橋一晃「円空作像の編年について」『円空研究・別巻』人間の科学社　1977

東京国立博物館編「〈特集〉磬と鰐口」『Museum』323　1978

駒敏郎「木曽漆器（老舗・美とこころ15）」『日本美術工芸』426　1978

志波英夫『大桑村の歴史と民話』1　1978

木曽福島町教育委員会『木曽福島町の文化財』（第1集）木曽福島町教育委員会　1978

諸江一郎『瓦版きそじ―木曽路まんだら』銀河書房　1979

大山仁快編『写経』（日本の美術156）至文堂　1979

佐藤武「円空の十一面観音について」『円空研究・別巻2』人間の科学社　1979

小島梯次「円空仏の背面梵字による造像年推定試論」『円空研究・別巻2』人間の科学社　1979

所三男『近世林業史の研究』吉川弘文館　1980

開田村役場村誌編纂委員会『開田村誌』開田村教育委員会　1980

生駒勘七『中山道木曽十一宿―その歴史と文化―』郷土出版社　1980

木曽教育会郷土館委員会『改訂版　木曽―歴史と民俗をたずねて―』信濃教育会出版部　1981

山口桂三郎・浅野秀剛『原色浮世絵大百科事典』9（作品4　広重―清親）大修館書店　1981

市川健夫『日本の馬と牛』東京書籍　1981

大桑村教育委員会『大桑村の神社―調査報告書―』大桑村教育委員会　1981

神村透ほか『崩越遺跡』王滝村教育委員会　1982

木曽福島町教育委員会『木曽福島町史』第1巻（歴史編）木曽福島町　1982

生駒勘七・神村透・小松芳郎『図説・木曽の歴史』（長野県の歴史シリーズ19）郷土出版社　1982

南木曽町誌編纂委員会『南木曽町誌』1982

石井蹊子編『山精　石井鶴三資料集』形象社　1983

森嶋稔「柳又遺跡」『長野県史』考古資料編全1巻主要遺跡（中信）1983

木曽町教育委員会『木曽福島町史』（第3巻　現代編Ⅱ）木曽福島町　1983

堀和久『電力王・福沢桃介』ぱる出版　1984

伊藤亜人・宇田川妙子「地場産業と村落社会―木曽平沢の漆器業に関する社会人類学的報告」『文化人類学研究報告』4（東京大学教養学部人文科学科紀要第82輯）1985

馬場章「静岡・木曾漆器工業地域の技術と生産構造の変化」『地理学評論』59　1986

木曽教育会百年誌編纂委員会『木曽教育会百年誌』

木曽教育会　１９８６
木祖村文化財調査委員会編『木祖村の文化財めぐり』木祖村教育委員会　１９８６
三岳村誌編纂委員会『三岳村誌』上巻　三岳村誌編纂委員会　１９８７
石井鶴三『石井鶴三全集』９　形象社　１９８７
大桑村『大桑村誌』上　１９８８
小笠原信夫『日本刀の歴史と鑑賞』講談社　１９８８
得能一男『日本刀事典』光芸出版　１９８８
三岳村誌編纂委員会『三岳村誌』下巻　三岳村誌編纂委員会　１９８８
市川健夫『山と木と日本人』日本放送出版協会　１９８８
浄戒山定勝禅寺編『写真集定勝寺』浄戒山定勝禅寺　１９８８
信州馬事研究会編『信州馬の歴史』信濃毎日新聞社　１９８８
生駒勘七『御嶽の信仰と登山の歴史』第一法規出版　１９８８
久米宗夫『刀剣　備前長船』あどりえ、ぼう　１９８９
長野県『長野県史』通史編　原始古代　長野県史刊行会　１９８９
坂田宗彦『密教法具』（日本の美術２８２）至文堂　１９８９
佐藤博信「上総大坪氏のこと」『古河公足利氏の研究』岩田書院　１９８９
角川日本地名大辞典編纂委員会編『長野県地名大辞典』角川書店　１９９０
古川裕康「木地師木工品の生産と流通―長野県南木曽町漆畑産地を事例として―」『林業経済』５１７　１９９１
白石和己『木竹工　伝統工芸』至文堂　１９９１
村制百周年写真集編集委員会『写真集　木祖村の百年―未来へのメッセージ―』木祖村教育委員会　１９９１
名古屋市博物館『木曽　檜と中山道の村々（特別展図録）』名古屋市博物館　１９９１
長野県編『長野県史　美術建築資料編』長野県史刊行会　１９９２
宮田敏『岨俗一隅』日本エディタースクール出版部　１９９２
楢崎宗重『定本・信州の浮世絵』郷土出版社　１９９２
開田村教育委員会柳又遺跡Ｃ地点発掘調査団『長野県木曽郡開田村柳又遺跡Ｃ地点』１９９３
木曽教育会郷土館部『三訂版　木曽―歴史と民俗をたずねて―』信濃教育会出版部　１９９３
楢川村村史編纂員会編『村に根づいた人々―木曽・楢川村誌』楢川村　１９９３
銀河書房『木曽御嶽百草物語』１９９３
瀬富本宏・赤尾栄慶『写経の鑑賞基礎知識』至文堂　１９９４
神村透『木祖村五月日十三塚について』木祖村教育委員会保管・遺跡発掘資料　１９９４
長谷川公茂監修『円空―慈悲と魂の芸術』展図録　朝日新聞社文化企画局大阪企画部　１９９４
小島梯次「円空仏の背面梵字墨書にみる円空の造像と信仰」『円空―慈悲と魂の芸術』展図録　朝日新聞社　１９９４
小寺武久「木曽川における１９２０年代及び３０年代の，連の発電所建築のデザインについて」『日本建築学会計画系論文集』４５９　１９９４
楢川村村史編纂員会編『村を築いた人々―木曽・楢川村誌』楢川村　１９９４
吉田孝彦「木曽郡楢川村の漆器業に関する産業誌的覚え書き」『信州大学教養部紀要』29　１９９５
山口村誌編纂委員会『山口村誌』（上巻）山口村誌編纂委員会　１９９５
秋里籬島『木曽路名所図絵』（版本地誌体系６）臨川書店　＊原本＝文化２年刊　１９９５
小笠原信夫『日本刀の鑑賞基礎知識』至文堂　１９９５
大宮市立博物館『広重・英泉　珠玉の名品による「中山道六十九次の旅」』（図録）１９９５
長塚孝「義成様御稽古大坪流馬書」の紹介」『馬の博物館研究紀要』９　１９９６
小林忠・大久保純一『浮世絵の鑑賞基礎知識』至文堂　１９９６
伊藤正起『木曽馬とともに』開田村・木曽馬保存会　１９９６
南木曽町博物館『南木曽の歴史（歴史資料館展示図録）』南木曽町博物館　１９９６
郷土出版社『長野県美術全集』10（信州の工芸）

１９９６
神村透『大岩橋』王滝村教育委員会　１９９７
國學院大学文学部考古学研究室『長野県木曽郡開田村柳又遺跡Ａ地点第７次発掘調査報告書』（國學院大學文学部考古学実習報告　第31集）１９９７
神村透「十三塚？それは修験者墳墓群　―長野県木曽郡木祖村五月日の山伏塚」『長野県考古学会』84・85　１９９８
日義村教育委員会『上の原遺跡（第５次調査）』日義村教育委員会　１９９８
久保智康『中世・近世の鏡』（日本の美術３９４）至文堂　１９９９
長野県信濃美術館（林誠）編『没後50年　川村吾蔵展』図録　長野県信濃美術館　２０００
長野県信濃美術館（滝澤正幸）編『信州の近現代工芸展―伝統と創造―』図録　長野県信濃美術　２０００
日野由希「現代の木地屋の集落が抱える諸問題に関する一考察―長野県木曽郡南木曽町漆畑の場合―『昭和女子大学文化史研究』４　２０００
寺岡輝朝「日本在来馬を用いた大坪流馬術実践の覚書き」『馬の博物館研究紀要』14　２００１
木祖村誌編纂委員会『木祖村誌　源流の村の歴史』（上）古代・中世・近世編　鬼灯書籍　２００１
のむら木材株式会社・日義村教育委員会『木曽・お玉の森遺跡（第10次調査）―のむら木材株式会社用地造成に伴う補充調査―』のむら木材株式会社・日義村教育委員会　２００２
三上徹也「所謂「唐草文土器」構造・変遷と型式名に関する考察」『長野県考古学会誌』98　長野県考古学会　２００２
神村透「縄文中期『吉野式土器』の提唱」『信濃』54（８）信濃史学会　２００２
板橋区立郷土資料館ほか『街道開設四百年記念「中山道展」』図録　２００２
木曽福島町教育委員会『木曽福島町の文化財めぐり』木曽福島町教育委員会　２００２
日義村教育委員会『木曽・お玉の森遺跡（第10次調査）』日義村教育委員会　２００２
原明芳「木曽谷の古代―どうして、「信濃なる木曽路」なのかを考える―」『信濃』54（８）２００２
円空研究センター（伊藤浩子）『信濃の円空仏』（円空ゆかりの地案内パート2～信濃編～）２００３
財団法人木曽地域地場産業振興センター『漆の技術・変わり塗りいろいろ展　報告書』２００３
京都国立博物館編『古写経―聖なる文字の世界―』図録　京都国立博物館　２００４
山本英二・山田健三・鈴木俊幸『ブックレット常勝寺』浄戒山定勝禅寺　２００５
吉川金利『平成17年度秋季展示　下伊那唐草文土器』飯田市上郷考古博物館　２００５
祢津宗伸「木曽谷東野阿弥陀堂初期真宗本尊に関する考察　―如信・覚如の描かれた和朝先徳連坐影像と常陸国真壁郡との関係―」『同朋大学佛教文化研究所紀要』25　２００５
青木豊ほか「全国出土和鏡集成（北海道～東海地方）」『國學院大學考古学資料館紀要（第22輯）』２００６
歴史群像編集部『図解　日本刀事典』学研　２００６
歴史群像編集部『図解　日本刀大全』学研　２００６
財団法人八十二文化財団『信州の伝承文化』財団法人八十二文化財団　２００６
上松町誌編纂委員会『上松町誌』（第三巻歴史）上松町教育委員会　２００６
木曽町開田支所教育事務所編集『木曽馬に関する馬文化等賦存状況結果報告』開田高原振興公社発行　２００６
『信州の近代遺産』しなのき書房　２００６
内藤正人『もっと知りたい歌川広重　生涯と作品』東京美術　２００７
大河内隆之・光谷拓実・児島大輔「池口寺木造菩薩形立像の非破壊年輪年代調査」『奈良文化財研究所紀要』２００８
小泉吉永編『大坪流馬術書』上・下　岩田書院　２００８
武笠朗監修『定本　信州の仏像』しなのき書房　２００８
飯田市美術博物館『伊那谷の仏教絵画―聖徳太子絵伝と真宗の宝を集めて―』２００８
田中博・千村稔『木曽・御嶽　わすれじの道紀行』２００８
原明芳「平安時代に出現する木棺墓からみえる

信濃の在地社会」『信濃』61（4）２００９
『石井鶴三展―芸道は白刃の上を行くが如し―』図録　松本市美術館　２００９
村石正行「治承・寿永の内乱における木曽義仲・信濃武士と地域間ネットワーク」『長野県立歴史館研究紀要』16　２０１０
中村耕作「釣手土器の展開過程」『史葉』３　加藤建設株式会社　２０１０
王滝村教育委員会　王滝村の文化財保護について『文化財信濃』（長野県文化財保護協会）36（4）２０１０
福島正樹「信濃国十二郡」をめぐって―木曽の描かれた地図―」『長野県立歴史館研究紀要』16　２０１０
木曽教育会郷土館部編『木曽―歴史と民俗を訪ねて―』（四訂版）信州教育出版社　２０１０
松本直子『南木曽の木地屋の物語―ろくろとイタドリ』未來社　２０１１
福島正樹「信濃のなかの木曽」『長野県立歴史館研究紀要』17　２０１１
長野県立歴史館『刃が語る信濃―武器、象徴、そして芸術へ』図録　長野県立歴史館　２０１３
木曽町を学ぶ本つくり検討委員会『あれこれ木曽町再発見　木曽町を学ぶ』木曽町観光協会　２０１３
朝日美術館・木曽路美術館・長野県伊那文化会館編『文芸写真家　澤田正春の木曽路』図録　２０１４
原明芳「信濃国筑摩郡の変容、その主体者は誰か」『古代東国の考古学３　古代の開発と地域の力』高志書院　２０１４
小島梯次『円空と木喰　微笑みの仏たち』東京美術　２０１５

木曽の宝

2016年9月17日　初版発行

編集・企画　長野県立歴史館
〒387-0007　長野県千曲市屋代260-6
TEL 026-274-2000（代表）　FAX 026-274-3996
ホームページ http://www.npmh.net/
Eメール rekishikan@pref.nagano.lg.jp

発行所　信毎書籍出版センター
〒381-0037　長野市西和田1-30-3
TEL 026-243-2105　FAX 026-243-3494

印刷所　信毎書籍印刷株式会社

製本所　株式会社渋谷文泉閣

ISBN978-4-88411-139-7